Wolfgang Seidl

Wir alle

Wolfgang Seidl

Wir alle

DEUTSCHE LITERATURGESELLSCHAFT

Die Deutsche Nationalbibliothek verzeichnet diese Publikation in der Deutschen Nationalbibliografie; detaillierte bibliografische Daten sind im Internet über dnb.dnb.de abrufbar. Die Schweizerische Nationalbibliothek (SNB) verzeichnet aufgenommene Bücher unter Helveticat.ch und die Österreichische Nationalbibliothek (ÖNB) unter onb.ac.at.

Unsere Bücher werden in namhaften Bibliotheken aufgenommen, darunter an den Universitätsbibliotheken Harvard, Oxford und Princeton.

Wolfgang Seidl:
Wir alle
ISBN: 978-3-03831-324-3

Lekorat: Alexandra Eryiğit-Klos
Korrektur, Lektorat, Redaktion Diplom-Sprachenlehrerin,
Univ. www.fast-it.net
Buchsatz: Danny Lee Lewis, Berlin: dannyleelewis@gmail.com

Deutsche Literaturgesellschaft ist ein Imprint der
Europäische Verlagsgesellschaften GmbH
Erscheinungsort: Zug
© Copyright 2024
Sie finden uns im Internet unter: www.Deutsche-Literaturgesellschaft.de

Die Literaturgesellschaft unterstützt die Rechte der Autorinnen und Autoren. Das Urheberrecht fördert die freie Rede und ermöglicht eine vielfältige, lebendige Kultur. Es fördert das Hören verschiedener Stimmen und die Kreativität. Danke, dass Sie dieses Buch gekauft haben und für die Einhaltung der Urheberrechtsgesetze, indem Sie keine Teile ohne Erlaubnis reproduzieren, scannen oder verteilen. So unterstützen Sie Schriftstellerinnen und Schriftsteller und ermöglichen es uns, weiterhin Bücher für Leserinnen und Leser zu veröffentlichen.

Inhalt

Einleitung 7

Erde und Klima
Kosmische und geologische Erdveränderungen und
Klimafaktoren 9

Zeit
Sonnenjahr, Tierkreis, Mondkalender, Lebensabschnitte 17

Seele
Reifung, Liebe, Eigenschaften, Gehirn, Weisheit, Abwege 21

Lebensweisen
Einzelne, Paare 25

Sterben
Morden, natürliches Sterben, Lebensverlängerung 27

Jenseitsvorstellungen
Himmel, Unterwelt, Totengericht, Hölle, Wiederauferstehung,
ewiges Leben, Wiedergeburt, Nichts 29

Religionen
Entstehung, Magna Mater, Totengerichtsreligion, Diskos
von Phaistos / Schriften, Moses, Homer, Zarathustra, Bibel,
Jesus/Christentum, Islam, Hinduismus, Buddha, Laotse,
Konfuzius 31

Alte Geschichte
Völkerschicksale, Vorgeschichte, Germanen, Turkvölker,
Mesopotamier, Minoer, Mykener, Juden, Rom, Perser,
chinesische Völker, Amerika, Australien, Sibirien 57

Neuere Geschichte
Kapitalismus, Geschichte der USA, Sozialismus, Liberalismus,
Demokratie, Herrscher, Unternehmer, Künstler/Musik, Priester,
Lehrer/Schule, Verdienst, Rente, Vereinsamung, Vermassung,
totalitärer Staat, Aktien als Beispiel freier Wirtschaft 67

Gegenwart
Geteilte Welt, Geschichte der Ukraine, Weltkriegsgefahr,
Covid-19-Pandemie 89

Deutschland heute
Inflation, Anarchoterrorismus, Amerikanismus, Verfall von
Ordnung und Kultur 103

Verschiedenes
Shakespeare, mein Leben, Traum einer Todesandacht,
Dichterisches 109

Einleitung

Dieses Buch ist die Zusammenführung und Weiterentwicklung meiner Bücher „Welt und Seele«, 2016, und »miteinander«, 2017.

Die Fotografie des Diskos von Phaistos stammt von K. Voutas, Athen.

Das sehr kurz gefasste Buch befasst sich nicht mit der oberflächlichen, detaillierten, momentanen Vielfältigkeit der Realität und zählt nicht akribisch bekannte Daten auf, sondern sucht Ursachen und Zusammenhänge, das Wesentliche, die Wahrheit.

Zunächst wird Zeitloses beschrieben.
Danach werden die Religionen nebeneinandergestellt.
Anschließend folgt der Gang der Geschichte bis zur Gegenwart mit ihren politischen Strömungen und Ideologien.

Ausführlicher behandelt werden:
- der Diskos von Phaistos
- die Entstehung des Christentums
- die Geldanlage in Aktien

All dies sind viele Mitteilungen und Gedanken zum Mitdenken, Nachdenken und zur Anregung eigener Gedanken. Es ist ein Lesebuch, das sehr viele Themen behandelt.
Es mag nützen, eigene Interessen zu erkennen und vielleicht sogar das eigene Leben zu ordnen. Das Buch soll auch helfen, sich weit ausgreifend zu orientieren und sich eigene lange Studien zu ersparen.

Wenngleich die Feststellungen und Aussagen insgesamt über alle Kapitel verteilt sind, kann dennoch jedes Kapitel für sich allein gelesen werden.

Dieses Buch ist originär und hat deshalb kein Literaturverzeichnis.

Erde und Klima

Das Leben des Menschen, seiner Tiere und Pflanzen ist von der kleinen Temperaturspanne zwischen +7 und +30 Grad Celsius abhängig.
Dies hängt von so vielen kosmischen Bedingungen ab, sodass es nicht wahrscheinlich erscheint, dass es so bleibt.
Dass die Verhältnisse auf der Erde schon ganz anders waren, zeigen kalkige Sedimentgesteine als Zeugen von warmen Meeren, die sehr lange bestanden haben, und silikatreiche Sedimentgesteine, die sich in kalten Meeren gebildet haben, die lange bestanden. Diese Sedimentgesteine finden sich in allen Breitengraden. Reste von Steinkohlewäldern gibt es auch in den polaren Regionen und Netze von Urstromtälern überall, ebenso große Salzlager, die von ausgetrockneten Meeresbuchten stammen.

Viele Faktoren sind für das Klima maßgeblich:

Die Sonne spendet Licht und Wärme. Ihre Strahlungsintensität wechselt von Augenblick zu Augenblick und unberechenbar über kürzere und längere Zeiträume.

Die Erde kreist einmal im Jahr als Planet um die Sonne.
Würde sie sich von der Sonne entfernen und würde ihre Umlaufbahn weiter, dann würde es kälter, andererseits bei engerer Umlaufbahn heißer.
Würde die Planetenbahn der Erde elliptischer, dann hätte der Jahresverlauf zwei warme und kalte Phasen, wenn nämlich die Erde der Sonne näherkommt oder sich weiter von ihr entfernt.
Wenn die Erde schneller um die Sonne kreisen würde, wären Sommer und Winter kürzer und das Jahr gleichförmiger; würde sie aber langsamer, wäre das Gegenteil der Fall.

Würde die Planetenbewegung der Erde aufhören, dann würde die Zentrifugalkraft enden, welche die Erde auf Abstand zur Sonne hält, und die Erde in die Sonne stürzen.

Die Erde dreht sich jeden Tag einmal um ihre eigene Achse, die vom Erdmittelpunkt in die Polarregionen zieht.
Würde sie sich um diese Achse schneller drehen, wären Tag und Nacht kürzer und somit die Zeit für Erwärmung und Abkühlung kürzer und damit der Temperaturunterschied zwischen Tag und Nacht geringer.
Andererseits, wenn sich die Erde langsamer um ihre Achse drehen würde, nähme sowohl die Länge des Tages als auch der Nacht zu.
Würde die Drehung der Erde um ihre Achse aufhören, wäre auf ihrer der Sonne zugewandten Seite ewig Tag und heißer Sommer, auf ihrer von der Sonne abgewandten Seite aber ewig Nacht und eiskalter Winter.

Die Erdachse steht auf der Ebene ihrer Planetenbahn nicht senkrecht, sondern leicht geneigt, nämlich in einem Winkel von etwa 23 Grad. Deshalb gibt es verschiedene Jahreszeiten und verschiedene Längen der Tage und Nächte im Jahresverlauf und darum ist der Tag zwischen Sonnenaufgang und Mittag kürzer als von Mittag bis Sonnenuntergang und die Nacht von Sonnenuntergang bis Mitternacht kürzer als von Mitternacht bis Sonnenaufgang. Wenn die Erdachse sich senkrecht stellen würde, gäbe es keine jahreszeitlichen Unterschiede mehr und Tag und Nacht wären immer gleich lang.

Die Erdachse selbst vollführt, gesehen vom Erdmittelpunkt, eine stetige Kreiselbewegung in gleicher Richtung wie die Achsendrehung, die Präzession, und kommt erst nach 26.000 Jahren an einen Ausgangspunkt zurück.
Das bedeutet, dass die Erdachse sich in 13.000 Jahren wesentlich senkrechter stellt. Dann schwächen sich die jahreszeitlichen Temperaturschwankungen ab und die paraäquatorialen Wendekreise rücken zusammen. In den folgenden 13.000 Jahren dagegen nähert sich die Stellung der Erdachse allmählich wieder dem Ausgangszustand an mit seinen kräftigeren jahreszeitlichen Unterschieden.

In diesen 26.000 Jahren dreht sich der Sternenhimmel einmal.

Würde sich die Erdachse so stark neigen, dass sie auf der Ebene ihrer Planetenbahn zu liegen kommt, gäbe es zwei extreme Möglichkeiten: Steht sie dann quer zur Sonnenumlaufbahn, hat die äußere Erdhälfte immer Winter und Nacht, die andere Hälfte, die nach innen, zur Sonne hinzeigende, immer Tag und Sommer.
Läge die Erdachse tangential zu ihrer Planetenbahn, wären Tage und Nächte immer gleichförmig, ohne Jahreszeiten.

Möglich ist ferner, dass sich die ganze Erdkruste auf dem flüssigen Erdinneren dreht oder die ganze Erde sich selbst in einer außergewöhnlichen Weise zu drehen anfängt.
Auch dies hätte eine Enteisung der bisherigen Polarregionen zur Folge und eine Verlagerung des Äquators.

Durch die Erddrehung ergibt sich eine Zentrifugalkraft, die zusammen mit der Anziehungskraft des Mondes eine Ausdehnung der Erde am Äquator bewirkt und als Ausgleich eine Abplattung der Polarregionen. Als Dehnungsfolge entstehen Erdkrustenbruchspalten, die vom Äquator polwärts verlaufen, jedoch wegen der unterschiedlichen Bodenbeschaffenheit nicht gradlinig. Schrumpfung bewirkt Faltenbildung.
Diese Massenbewegungskräfte verursachen auch Ebbe und Flut.

Unruhe kommt in diese Wirkungen des Mondes dadurch, dass die Ebene, in welcher der Mond um die Erde kreist, schwankt, erkenntlich daran, dass der Mond einmal höher, einmal niedriger am Himmel steht. Dieses Schwanken könnte heftiger oder geringer werden, mit Auswirkungen auf die oberen Erdschichten.
Würde der Mond schneller oder langsamer um die Erde kreisen, kämen die Gezeiten häufiger oder seltener.
Ferner kämen die Gezeiten heftiger oder schwächer, wenn sich der Abstand von Mond und Erde ändert.

Der Mond kreist zwar um die Erde, ist also ein Trabant; andererseits ist er aber als Körper im Verhältnis zur Erde groß, sodass er auch als kleinerer Zwilling der Erde angesehen werden kann.
Käme der Mond der Erde näher, so würden beide Körper wärmer werden. Dann würde auch die Erddrehung gebremst und die Erdachse in ihrer Kreiselbewegung behindert oder erstarren, was beim Mond schon der Fall ist, weil er uns immer die gleiche Seite, das gleiche »Gesicht« zeigt.

Auch Einschläge großer Meteoriten können Erde oder Mond anstoßen, deformieren, ihre kosmische Stellung und ihre Bewegungen verändern. In ihrer Geschichte fusionierte die Erde schon mit vielen kleineren Himmelskörpern.
Wenn sich der nahe Mond mit der Erde vereinigt, mischen sich die Elemente neu und verändern sich die Energiezustände und die Menschen ersticken und verbrennen.

Die Erde selbst besteht aus heißem, breiig flüssigem und aus glutflüssigem Gestein. Außen befindet sich, wie eine Haut, eine erstarrte, erkaltete Kruste von wenigen zig Kilometern Dicke.
Krustenteile, z. B. tief reichende Gebirgsstöcke oder auch irgendwelche Flächen, können in die heiße Zone einsinken. Dann werden ihre untersten Schichten eingeschmolzen und fließen weg.
Heiße Massen können auch von unten gegen die Kruste andrängen, sie erhitzen, aufweichen und aufwölben. Flüssige Gesteinsmassen können sich zwischen Krustenschichten schieben oder durchbrechen, die Kruste auseinanderschieben oder an der Oberfläche ausbreiten.

Bei vulkanischen Eruptionen werden breiige, heiße, manchmal auch glutflüssige Gesteinsmassen, heiße Gesteinsbrocken, heißer Sand und Staub, oft in großen Mengen, Wasserdampf und verschiedene Gase ausgestoßen, auch giftige.
Das Ausblasen von viel verdunkelndem Staub und großen Wasserdampfmassen, die durch Wind ausgebreitet werden, kann eine Abkühlung bewirken, weil diese große Gebiete beschatten oder sich sogar ring-

förmig um die Erde ausbreiten können für die Dauer von Monaten oder sogar wenigen Jahren. Dadurch wird dann die Erwärmung durch die Sonnenstrahlung direkt vermindert und weitere Wolkenbildung gefördert.

Tief in der Erde herrschen hoher Druck und große Hitze, welche die Moleküle in ihre Elemente zerlegen und andere Verbindungen erzeugen. So wird z. B. aus Calciumcarbonat (Kalkstein) Wasser, Wasserstoff, Sauerstoff und Kohlenstoff freigesetzt.
Unter diesen Bedingungen entstehen auch Konzentrate, Grafit und Diamant, sowie Kohlenwasserstoffe, Erdgas und Erdöl, aber auch die Gase CO und CO_2.
CO_2 entsteht auch als Produkt allen Feuers, aller Verbrennung, allen Lebens.
Das meiste CO_2 ist im Wasser gespeichert und steht im ständigen Austausch mit dem CO_2 der Luft. Die Beeinflussbarkeit der CO_2-Massen durch den Menschen ist eine Utopie.

Erdbeben und vertikale Erdstöße schaffen tiefe Spalten und Schluchten, auch Geländestufen, und zertrümmern, in Abhängigkeit von der Härte des Gesteins, oberflächliche Gesteinsschichten zu ganzen Gebirgen, großen Brocken oder Schotterfeldern.
Manchmal sind longitudinale Erdbebenwellen noch an Bergwänden zu erkennen, wenn das Gestein zu jenem Zeitpunkt gerade noch plastisch war.

Veränderungen schaffen auch Gebirgsstürze, Erdrutsche, Erdfälle, Stürme, Dünenwanderung, Meeresströmungen, Brandung, Flutwellen, Sedimentation, Erosion durch Wind, Wärme, Kälte, Wasser, Transport durch Flüsse und Gletscher.

Ursprünglich stammt das Wasser aus der kristallinen Struktur des Gesteins, in die es eingebunden ist. Dieses gibt bei Erwärmung Wasser ab.

Die Erdkruste ist zig Kilometer dick, das Meer dagegen nur ein paar Kilometer tief. Vergleichsweise ist das Meer also relativ seicht, geradezu nur eine riesengroße Pfütze.

Bei starker Erwärmung des Meeres würden sich unvorstellbar viele Wolken bilden sowie unvorstellbar heftige und anhaltende Niederschläge.

Große Seen entständen und überall gewaltige, Täler füllende Flüsse.

Im Extremfall würde das Meereswasser verkochen und alles Wasser wäre in Wasserdampfwolken enthalten, nur Salzlager würden am heißen Boden zurückbleiben.

Der Meeresspiegel lag schon einige Meter tiefer, aber auch schon einige Meter höher. Das war regional unterschiedlich und wurde hauptsächlich durch Landhebungen und Landsenkungen verursacht.

Das Meer speichert Wärme und temperiert die Winde im weiten Küstenbereich. Die gleiche Wirkung haben große Seen. Eisflächen strahlen nur Kälte aus.

Die Erddrehung geht vom Erdinneren aus.

Dabei bleiben die beweglichen Schichten, Luft und Wasser etwas zurück, entsprechend ihrer Masse mit unterschiedlichen Geschwindigkeiten.

Möglicherweise gilt dies auch für die gesamte Erdkruste gegenüber ihrer Unterlage. Das Wasser drängt sich in den tropischen Breiten überall im Westen gegen die Küste und sinkt entsprechend an der Küste im Osten etwas ab.

Das Zusammenhängen großer Kontinentalmassen in nordsüdlicher Richtung im äquatorialen Bereich, der Zone der stärksten Wasserbeschleunigung, verhindert einen vollständigen Meereswasserumlauf von Ost nach West um die Erde und bremst die Meereswassergeschwindigkeit. Diese Kontinentalbrücken waren nicht immer vorhanden. Auch der Verschluss von Meerengen kann das Klima in weiten Räumen ändern.

Die Ost-West-Bewegung von Meereswasser und Luft am Äquator verstärkt sich oder schwächt sich ab, wenn sich die Drehungsgeschwindigkeit der Erde verändert.

Die Erde könnte sich auch andersherum drehen und die Strömungen entgegengesetzt verlaufen, wenn nämlich die Erde sich auf den Kopf stellt, nicht nur magnetisch, sondern wenn die Nordpolregion physisch zur südlichen Polarregion wird.
Polwärts von den Wendekreisen, den windarmen Rossbreiten, strömen Luft und Wasser im Allgemeinen von West nach Ost. Das Wasser drängt sich dort gegen die östlichen Küsten und sinkt entsprechend an den westlichen Küsten etwas ab.

Von allen kosmischen und geologischen Faktoren können einige oder viele gleichzeitig zusammentreffen und die Auswirkungen unübersichtlich machen.

Bisher gibt es fast nur geringe Versuche, die Uferlinie zu verschieben, um Land zu gewinnen. Die Liebe zum Althergebrachten und die Angst vor Veränderungen stehen dem Mut, Neues zu wagen, um viel Gutes zu bewirken, entgegen. Große Seen, weite Sumpf- und Urwaldgebiete, Meeresbuchten, Flachmeere könnten trockengelegt werden. Viele Flüsse sind noch nicht begradigt. Riesige Wüstengebiete und Steppen könnten bewässert werden, primär mit Meereswasser, dessen Salz dann bald vom Süßwasser ausgewaschen wird. Feuchtigkeit kühlt den Boden und macht ihn dunkel. Tau und Reif würden sich bilden, überdies Thermik, Wolkenbildung und Gewitter. Dort überall entständen weite, von Flüssen durchzogene, grüne Ebenen. Und bis Senken, z. B. das Tote Meer, mit Wasser aufgefüllt wären, ließe sich auch viel Wasserkraft gewinnen und das regionale Klima würde gemäßigt.

Die letzten Jahre waren wärmer als die vorausgehenden. Vielleicht betrifft dies nur die obersten Erdschichten und ist vorübergehend.
Wenn dies durch Verstärkung der Sonnenstrahlung verursacht wird, ist es von Menschen nicht beeinflussbar.

Zeit

Die Jahreszeiten werden durch die Planetenumlaufbahn der Erde um die Sonne und die Neigung der Eigenrotationsachse bestimmt.

Jahreshöhepunkt ist der längste Tag mit der kürzesten Nacht. Dann geht die Sonne am frühesten und nördlichsten im Osten auf, steht mittags am höchsten und geht am spätesten und am nördlichsten im Westen unter. Dagegen geht die Sonne am kürzesten Tag am spätesten und südlichsten im Osten auf, steht mittags am niedrigsten und geht am frühesten und südlichsten im Westen abends unter.

Die anderen markanten Tage sind die Tagundnachtgleiche im Frühjahr und die Tagundnachtgleiche im Herbst, zwischen denen das Sommer- und das Winterhalbjahr liegen. Im Sommer sind die Tage länger als die Nächte, im Winter die Nächte länger als die Tage. Jeweils 6 Wochen und 3 Tage vor und nach diesen markanten Tagen ergeben die natürlichen Jahreszeiten Sommer, Winter, Frühling und Herbst.

Die Sonne geht am 20.6. extrem früh auf und extrem spät unter. Dieser Tag ist damit die Mitte des Sommers.

Im Winter hat der 22.12. den kürzesten Tag und die längste Nacht, ist also die Mitte des Winters.

Die Sonne scheint am 17.3. 2 Minuten weniger als 12 Stunden lang, am 18.3. 2 Minuten länger als 12 Stunden. Die Tagundnachtgleiche im Frühjahr, der Sommerhalbjahresbeginn, ist also um Mitternacht zwischen diesen Tagen anzusetzen.

Am 25.9. scheint die Sonne 2 Minuten länger als 12 Stunden, am 26.9. 2 Minuten weniger als 12 Stunden. Die Tagundnachtgleiche im Herbst, die Herbstsonnenwende, der Beginn des Winterhalbjahres, liegt also an Mitternacht zwischen diesen Tagen.

Auf der Südhalbkugel sind die Verhältnisse entsprechend, jedoch quasi um ein halbes Jahr versetzt.

Längster Tag, kürzester Tag und die beiden Tagundnachtgleichen sind natürliche Festtage für alle Menschen.

Die Jahreszeit konnte an der Höhe des Sonnenstandes und der Strahlkraft der Sonne erkannt werden, aber auch an Stand und Größe der zirkumpolaren Sternbilder und an den 12 Tierkreissternbildern, die im monatlichen Abstand nacheinander erscheinen. Letztere entsprechen in ihrer Regelmäßigkeit dem Sonnenkalender, nicht dem Mondkalender, der kürzere Monate hat. Die 12 Tierkreiszeichen konnten nacheinander um ein Rad mit 12 Speichen angeordnet dargestellt werden. Auch der Zustand der Pflanzen- und Tierwelt zeigt die Jahreszeit an.

Der Tag ist die kleinste natürliche Zeiteinheit. Tageshöhepunkt ist der Mittag, wenn die Sonne im Süden und am höchsten steht und am wärmsten strahlt. Zwölf Stunden später ist Mitternacht mit Dunkelheit, ohne Dämmerungslicht.

Der Tag ist voller Licht, Energie und Leben, eventuell bis in den Abend; die Nacht voller Müdigkeit und Mattigkeit und lässt den Zustand des Totseins erahnen.

Die Einteilung des Tages in 12 Tages- und 12 Nachtstunden hatten schon die alten Ägypter und Mesopotamier. Ein Symbol ist wohl ein 24-speichiges Rad.

Zur Zeitbestimmung dienten Sonnenaufgang, höchster Sonnenstand, Sonnenuntergang, ferner die Schattenlänge und Schattenrichtung von einem Stab oder einem Obelisken, der eine Sonnenuhr ist, die bestrahlte oder Schattenseite eines Gebäudes oder einer Pyramide oder eines Berges und der Lichteinfall durch ein Fenster. Mitgeteilt wurde die Uhrzeit vielerorts durch Glockenschläge und Gebetsrufe.

Der 29-tägige Mondrhythmus, von Vollmond zu Vollmond, und seine täglich wechselnden Aufgangs- und Untergangszeiten passten nie in das Sonnenjahr und den Tag-Nacht-Rhythmus. Aber sie sind für alle Menschen sichtbar und eine natürliche Zeiteinteilung. Auf den Mond-

rhythmus gehen heute noch die »Monate« (Monde) zurück sowie die 7-Tage-Wochen, deren »Montage« (Mondtage) den Vollmond, den abnehmenden Halbmond, den Neumond und den zunehmenden Halbmond anzeigten und wohl gefeiert wurden. Monate und Wochen stimmen längst nicht mehr mit dem Mondrhythmus überein, der aber heute noch die Termine von Ostern und Pfingsten bestimmt.
Der Neumond mit seinen dunklen Nächten ist unheimlich, der Vollmond anregend.

Besondere Zeiten sind jedes Jahr das Frühjahr mit seiner Lebensfreude und seinen Hoffnungen und der Herbst als wehmütiges Ende des schönen Sommers.
Im Süden ist das Frühjahr mit der Sorge verbunden, zu planen, wie man Hitze und Trockenheit des Sommers überleben kann. Im Norden muss man im Herbst vorsorgen, wie man den Winter übersteht.

Schwierig waren einst auch Orts-, Richtungs- und Entfernungsangaben. Es gibt markante Geländepunkte, Berge und Türme, die Höhe der Sonne in der Tagesmitte und die Sternbilder zu bestimmter Zeit. Die Entfernung wurde z. B. in Schritten, Tagesmärschen oder Tagesfahrten mit Ruderschiffen angegeben.

Das Menschenleben zählt nach Jahren und hat bestimmte Zeitabschnitte:

Die Jugend wächst heran und sucht nach Aufgaben und Motiven und einem Beruf. Mit 20 Jahren etwa hat man die größte Lernfähigkeit, körperliche Geschicklichkeit und Schönheit. Die junge Frau ist sehr mit ihrer Familie beschäftigt. Zuerst sucht sie einen guten Mann, der bei ihr bleibt. Dann folgen Schwangerschaften, Gebären, Stillen, Kinderaufzucht und Kindererziehung. Dies nimmt den größten Teil ihrer Lebenszeit, ihrer Gedanken und ihrer Kräfte ein und ist ihr Hauptinteresse. Doch dabei lernt sie viel über das Leben, desgleichen auch der begleitende, mitversorgende und schützende Mann.
Mit 40 Jahren schaut sich die Jugend schon nicht mehr mit von Liebe träumenden Augen nach einem um und kleine Kinder sehen einen schon als zur Großelterngeneration gehörig an und selbst wird man

sich bewusst, dass die Hälfte des Lebens schon vorbei ist. Bald vergehen körperliche Schönheit und Leistungsfähigkeit und kommt das Alter mit seinen zunehmenden Behinderungen und Beschwerden, auch Denkstörungen und Vergesslichkeit.

Mit 60 Jahren beginnt das Aufräumen in den eigenen Angelegenheiten und Sachen. Schließlich beschränkt man sich mit 70 Jahren bei Vorhaben auf überschaubare, immer kürzere Zeiträume, zieht sich allmählich aus dem Leben zurück und denkt an den Tod.

Charakter, Lebenskunst und Schicksal entscheiden, ob und wie viel Zeit man hat und wofür man sie verwendet. Zeit kann ein großes Geschenk sein, ist sie doch ein Stück des eigenen Lebens. Zeit kann einem gestohlen werden. Man kann sie auch verschwenden. Man sollte immer Zeit haben. Wer keine Zeit hat, ist verloren – das sagt auch Buddha.

Seele

Alle Menschen sind verschieden, äußerlich und im Gemüt, und jedes Paar sucht sich ein anderes Lebensglück.
In der Familie entwickelt man sich zu Mann und Frau weiter, später dann zu Vater und Mutter. Die Familiengemeinschaft ist der beste Schutz gegen Entartung, Nöte und Schicksalsschläge, auch für die Kinder. Nichts ist in der Regel so stabil wie die Liebe zwischen Mann und Frau und zu den Kindern.
Im Mitleid überträgt sich die Liebe auf andere.

Im Gehirn leben Fühlen, Denken, Verstehen, Wollen, Planen und die Seele, der Lebenssinn. Jeder Mensch hat ein unterschiedliches Maß an Egoismus, Liebe und sozialem Sinn, Güte und Großherzigkeit, selbstständigem Denken, kritischem Denken, Einfallskraft, Geduld und Willenskraft.

Im Wachsein befindet sich das Gehirn entweder im klaren Bewusstsein von Umgebung, Umständen, anstehenden Arbeiten und Maßnahmen oder es ist beschäftigt mit seinen Erinnerungen, seiner Vorstellungswelt und seiner Fantasie oder mit sinnlichem Wahrnehmen und Genießen. Am Abend ist das Gehirn vollgefüllt mit Informationen, Erlebnissen und Gedanken und müde von der Tagesarbeit. Dann braucht es die Pause des Schlafes, in der sich alles beruhigt, entsprechend seiner Wichtigkeit ordnet und harmonisiert, sodass sich wieder Leistungs- und Lebenswille ansammeln kann.
Im Schlaf ist das Gehirn entweder gedankenlos oder es träumt. Auch Angstträume, die oft in Erinnerung bleiben oder bei denen man erwacht, haben ihr Gutes: Sie lassen den Betreffenden die Wirklichkeit kritisch sehen. Vor dem Erwachen kommen oft klare Gedanken und Ideen.

Auch der wöchentliche Ruhetag ist nicht nur für die Erholung, sondern auch für die Besinnung wichtig, außerdem für den Zusammenhalt von Familie und Gemeinschaft.

Das Gehirn kann nicht unendlich viel lernen und arbeiten, selbst wenn die Zeit dafür da wäre. Zu einer Übersicht und zum Verstehen der Lebenszusammenhänge gelangt man, wenn man die wichtigsten Informationen zusammensucht. Es ist nicht nötig und möglich, alles genau zu wissen. Die Weisheit selbst wächst weiter, solange es Menschen gibt. Nur Lebensbeginn, Schicksal, Altern und Sterben sind unverständlich, außerdem die unendliche Größe des Weltalls und die Endlosigkeit der Zeit.

Vor dem Vergessen schützt man sich durch Notizen. Die Erinnerung mag langsam kommen. Wirklich vergessen kann der gesunde Mensch nicht, aber verzeihen.

Auch das Gehirn kann zu stark beansprucht und erschöpft sein. Um dann wieder Aufnahmefähigkeit zu gewinnen, sind eine längere Pause und die Beschäftigung mit anderen Dingen notwendig, z. B. mit der Natur, praktischer Arbeit oder Kunst.

Jedermann kann durch Nachdenken und Lernen ein Verständiger, ein Weiser werden, der die natürliche Grundordnung versteht. Wenn er danach lebt, gehört er zu den Frommen, die es immer gegeben hat und überall gibt. Sie gehen ihren Lebensweg in Seelenfrieden, unbeirrbar durch willkürliche Schicksalsschläge, und verstehen einander, weil es nur eine Wahrheit, Vernunft und Weisheit gibt. Die reine Philosophie ist unteilbar. Es gibt also keine eigene männliche und keine eigene weibliche Philosophie. Natürliches, nüchternes und vernünftiges Denken und Handeln sind unvereinbar mit abwegigen Gedankensystemen, Ideologien, Aberglauben, Mystik sowie kritiklosem Festhalten an Traditionen.

Zweifeln, Nachdenken, Durchschauen, die Übersicht gewinnen und Voraussehen schützen die eigene Seele vor Verworrenheit und Zerrissenheit, lassen sie den eigenen Weg finden, machen sie unabhängig von der Meinung anderer, widerstandsfähig gegen Verführungen, launische Moden und Propaganda, unempfindlich gegen Massenhysterie. Nur so kann sich die Seele freihalten von Kollektivschuld. Besinnung auf die eigene Situation und mögliche Entwicklungen beugt auch schädlichen Übertreibungen vor und mildert die Heftigkeit emotionaler Reaktionen auf Veränderungen. Wenn die Not und die Angst schrecklich sind, gibt nur eine klare Lebensordnung Orientierung und Trost.

Manches Ziel ist zu erreichen durch Überlegen, Mut, Ausdauer und Tapferkeit. Bescheidenheit, Verzichten und in einem gesunden Maß das Sparen schaffen die Zeit und die Mittel und damit die Möglichkeit und die Freiheit, sich das Leben schöner zu gestalten. Zu Erfolg, Glück und Vollkommenheit kann man nur den eigenen Anteil mitbringen, der Rest ist Schicksal.

Viele Menschen sind wankelmütig. Sogar aus Freunden können plötzlich Feinde werden, durch Missverständnisse, Verleumdungen und Kränkungen. Streitigkeiten lassen sich oft durch Wahrhaftigkeit, Besinnung auf das Wesentliche und Vernünftige und Gerechtigkeit beilegen.

Von den Lebensaufgaben kann vieles ablenken: Verführung, Hörigkeit, Angst, Gier und Sucht – z. B. nach Vergnügen, Lust, Rauschzuständen, Extremzuständen und Abenteuern –, ferner auch die Gier nach Aufsehenerregen, Ruhm, Reichtum, Macht und die Herrschsucht. Gier macht unartig, rücksichtslos, asozial, bösartig. Es gibt auch ein suchtartiges Nachjagen nach Informationen und neuen Moden. Auch Fanatismus stört das Leben.

In der Seele entsteht das Gewissen, das Gute, das Schöpferische. Aus der Seele kommt aber auch das Böse, das Zerstörerische. Dessen Ursachen sind Unvernunft des Kindes, Übermut des Heranwachsenden, maßlos heftige Emotionen des Erwachsenen, Starrsinn, Irrtum und unkontrollierte und ungesunde Instinkte. Die Freiheit von Böswilligen und Perversen ist einzuschränken. Dumme und Schwachsinnige sind zu führen, will man sie nicht einem erbärmlichen Schicksal überlassen.

Zur sozialen Rücksichtnahme gehört auch, die Güter, über die man verfügt, nicht zu vergeuden oder zu verderben. Mögen sie dann nach dem eigenen Ableben irgendjemanden stärken oder erfreuen, wenn man nicht schon zu Lebzeiten Gelegenheit hatte, sie mit anderen zu teilen.

Niemand braucht sich für seine Existenz zu entschuldigen, denn jedes Leben war und ist ein Teil der Menschheit als Ganzes.

Lebensweisen

Ein Kind sieht nur das Nächstliegende, es mag aber reifen zu einem der wenigen weit Voraussehenden, zu einem Weisen, der wirklich eine eigene Meinung hat, die sich auf Natur, Wahrheit und Vernunft gründet. Jener betrachtet dann alles kritisch und sein Handeln ist ernsthaft, aber er unterscheidet sich von der Masse, ist ein Individualist, ein Einzelgänger. Einsam sind auch die Idealisten. Einige Menschen lieben die Einsamkeit, die Besinnung und Nachdenken ermöglicht, und wollen die innere Stimme hören, das Gewissen.
Sehr viele Menschen hingegen haben Angst vor der Einsamkeit, wollen immer unter Menschen sein.

Viele Menschen leben in einer vorgegebenen Lebensordnung, z. B. in einem religiösen Glaubensgebäude oder einer Ideologie, oder sie sind beherrscht von einer Idee oder einem Ziel. Bei anderen wiederum wird die Ordnung durch Standesdenken oder Besitzwahrung und -vermehrung vorgegeben, oder sie leben in der tradierten Vorstellungswelt oder aber einfach in einer Obrigkeits- und Autoritätsgläubigkeit, wozu auch die opportunistischen Mitläufer des Establishments gehören, die sich den Mächtigen und den Moden anpassen.
Kritiklose Mitläufer neigen zu Intoleranz, Gehässigkeit, Polemik und Übergriffen gegenüber Andersdenkenden.

Nachgiebigkeit und Gleichgültigkeit gegenüber allem ist Charakterlosigkeit und Gewissenlosigkeit. Widerstand gegenüber allem ist Rechthaberei und Querulanz. Alles kritisch zu zerreden, führt zu keinem Ziel.

Auch in der Ehe folgen viele gläubig oder opportunistisch dem Partner. Den Lebenspartner muss man begehren und ertragen und Treue ist für die Beständigkeit der Verbindung wichtig. Dies ist aber nur der Anfang und die Grundvoraussetzung für die Ehe. Immer ist es gut, ordentlich, sparsam, genügsam, ehrlich, fleißig, sauber, vorsichtig, friedfertig und verschwiegen zu sein.

Viele Menschen sind vertrauensselig und willfährig und lassen sich gerne führen, aber nicht unterdrücken.

Vorwiegend die Frau gestaltet das Leben zu Hause und die Beziehungen zu Verwandten und Freunden. Auch die wirtschaftliche Grundlage ist ihr wichtig. Über die Lebensgestaltung und Lebensführung sollte Einigkeit bestehen, man sollte eines Sinnes sein. Andernfalls lebt man nur nebeneinander und die Verbindung ist nicht fest.

Vielen Paaren sind Umarmungen besonders wichtig, andere beschäftigen sich sehr mit dem Gedeihen und der Förderung ihrer Kinder, oder sie pflegen intensiv die Kontakte zu Verwandten und Freunden, engagieren sich in Vereinen und möchten viele Menschen kennenlernen. Andere verweilen bei Natur, Sport, Kunst. Viele suchen Unterhaltsames, streben nach Geldverdienen, sorgen sich um ihre Karriere, wollen bei jeder Mode mitmachen oder Aufsehen erregen. Manche Paare sind von Neugier und Wissensdurst erfüllt und interessieren sich für ihre Umgebung und ihre Welt. Manche sind genügsam, leben bescheiden, still und friedfertig. Andere brauchen alle Kraft, um Armut oder Behinderungen zu ertragen.

Die Zweisamkeit ist nicht nur der wichtigste Teil der Lebenserfüllung, sondern bedeutet auch eine Bereicherung durch die Aufmerksamkeit, die Hilfe, den Rat und die Kritik des Lebenspartners sowie eine Erweiterung des eigenen Erlebens, indem das Schicksal des Lebenspartners miterlebt wird.

Sterben

Man soll nicht töten, denn Morden breitet sich wie ein Feuer aus und gerät schnell außer Kontrolle.
Immer noch werden aber als Strafe Einzelpersonen oder – aus verwerflichen politischen Gründen – Familien und ganze Volksgruppen getötet.
Auch Abtreibungen sind widernatürlich und traurig, sollte doch ein normales Leben gerade erst beginnen.
Selbstmord und Sterbehilfe sind ebenfalls ein Tötungsakt.

Aber man soll das Sterben auch nicht aufhalten.
Werden Kinder geboren, die durch schwere Geburtsschäden oder Missbildungen keine Aussicht auf ein normales Leben haben, soll man ihr Sterben bei der Geburt nicht verhindern, weil sie statt Freude schweres Leid in die Familie bringen.
Auch das Sterben durch Krankheiten oder Unfälle schwer Geschädigter ist nicht aufzuhalten. Niemand würde sich freiwillig dafür entscheiden, ohne die wichtigsten Sinne, Glieder und Organleistungen weiterzuleben oder gelähmt und bewusstlos längere Zeit dahinzuvegetieren.
Die Schwächen und schweren körperlichen Störungen im Alter bringen Gelegenheiten mit sich, zu sterben. Versuche, das natürliche Sterben aufzuhalten oder durch Wiederbelebung rückgängig zu machen, führen zu einem Zustand des Vegetierens in Hilflosigkeit und unter Verlust des Verstandes und bedeuten für die Pflegenden eine schreckliche Belastung.
Jeder wünscht sich einen schnellen und sanften Tod und will in Ruhe sterben.

Eine Lebensverlängerung durch eine medizinische Versorgung, die bis an die äußerste Grenze des Möglichen geht, gibt es nur in reichen Ländern und anderswo nur für reiche und mächtige Menschen. Sehr viele Länder aber sind arm und können sich kaum die einfachste medizinische Versorgung leisten. Die fortgeschrittene Entwicklung in der Medizin, wie übrigens in allen Wissenszweigen, bringt jedoch in den reichen Ländern eine hohe Spezialisierung mit sich. So gibt es dort kaum noch Ärzte, die eine Übersicht über alles Wesentliche haben und mit den einfachsten Mitteln und Maßnahmen arbeiten können.

Menschlich ist es jedenfalls, den Sterbenden nicht allein zu lassen. Viele haben nämlich, solange sie noch bei Bewusstsein sind, schrecklich große Angst vor dem Tod.

Wenn der Ehepartner stirbt, hat man das Eheversprechen, beieinander zu bleiben, erfüllt und dieses Lebensziel erreicht.

Niemand lebt mehr allein, alle leben in einer Versorgungsgemeinschaft, in welcher Form auch immer. Freilich fallen die Sterbenden aus und fehlen die Toten. Aber die Lücken, die sie hinterlassen, schließen sich schnell und die Gemeinschaft lebt weiter.

Jenseitsvorstellungen

Das Einzelleben endet mit dem Tod.

Etwa die Hälfte der Menschen hinterlässt Kinder. Das Aussehen der Nachkommen ist ähnlich, ihr Charakter aber anders.

Zur Verhinderung des hässlichen Tierfraßes wurden schon in früher Zeit die Leichen in Felsnischen eingemauert oder sorgfältig vergraben.

Um den Seelen in den Leibern noch längere Zeit eine Heimstatt zu geben, bemühte man sich, die Leichen zu konservieren, durch Einpudern mit Zinnober, durch Einbalsamierung oder durch Austrocknenlassen im Wind auf Bäumen.

Ab dem 4. Jahrtausend v. Chr., der Megalithzeit, glaubten viele an ein Weiterleben nach dem Tod.
Weltweit ließen sich größere Fürsten eine Weihestätte bauen, auf der nach ihrem Tod ein Grabbau, eine Pyramide oder ein Grabhügel errichtet wurde.
Leichen bettete man in einen Sarg oder eine Urne, beides oft in Hausform, oder baute ihnen ein Haus oder versammelte sie – oder auch nur ihre Seelen – in ganzen Städten, die eigens für die Toten gebaut wurden.
Lebensbedarf wurde ihnen ins Grab mitgegeben und in einigen Gebieten versorgte man sie mit regelmäßigen Trank- und Speisegaben. Krieger behielten oft ihre Waffen bei sich, Frauen ihren Schmuck. Mit den Fürsten wurden vielfach auch ihre Angehörigen, Diener, Pferde, Hunde, Lieblingssachen, Wagen und Boote begraben, um sie ihnen mitzugeben oder damit diese nicht mehr entweiht werden konnten oder damit nichts mehr an die alte Herrschaft erinnerte.

Die Bestattungsfelder lagen meist dort, wo das Licht, die Sonne, untergeht, im Westen der Siedlungen.

Von den Hethitern bis zu den Parsen in Nordwestindien gab es den Brauch, die Leichen durch Geier entbeinen zu lassen. Man nahm an, dass mit ihnen die Seele in den Himmel fliegt. Die Knochen wurden dann bestattet.

Syrer, Griechen, Etrusker und Kelten glaubten an ein ewiges, friedliches Leben in der Unterwelt.

In den Totengerichtsreligionen erfährt der Einzelmensch nach seinem Ende Gerechtigkeit: Er wird ewig in der Hölle gequält, oder er muss zur Buße körperliche Züchtigungen erleiden, bevor er in das Paradies kommt, oder er gehört zu den Guten, die sofort dort aufgenommen werden.
Die Christen glauben an eine Auferstehung und ein ewiges Leben im Himmel.

Die Seelenwanderungsreligion hat zwei Zweige:
Im chinesisch-japanisch-indianischen Zweig ist die Seele unsterblich. Sie taucht durch Wiedergeburt mit der Seele irgendeines Kindes wieder auf.
Im indischen Zweig ist die Seele ein Individuum, das nach Läuterung und Bewährung während eines oder mehrerer Leben schließlich im Nirwana aufgeht, dem Nichts.
Die Urnenfelderkultur, ab 1000 v. Chr., wollte mit der Leichenverbrennung zeigen, dass nach dem Körperzerfall nichts mehr da ist, wovon irgendeine Kraft ausgeht.
Es folgte eine lange Zeit weltweit verbreiteter Todesverachtung und willkürlicher Eingriffe in das Leben. Missliebige Menschen wurden getötet, verbrannt, erschlagen, gehenkt, ertränkt, vergiftet, in der Einsamkeit ausgesetzt, dem Verhungern überlassen usw. Die Leichen und Köpfe Getöteter wurden sogar zur Schau gestellt.

Am Ende des Lebens bleibt die Hoffnung auf eine gute Zukunft der Menschheit.

Religionen

Der Mensch hat zwei Hälften, Mann und Frau. Der Liebesdrang hilft, einen Menschen zu finden, um mit ihm eine Gemeinschaft zu bilden für das ganze Leben, eine Generation lang. Großfamilien entstanden, weil schwächere Paare, Einzelne, Waisen, Alte bei einem tüchtigen Paar leben wollten und Schutz und Versorgung suchten, vielfach auch Angst vor dem Alleinsein und vor Gefahren hatten.
Der allmählich in großen Gruppen auftretende Mensch erkannte sich als Herr der Tiere, und der unendlich weite Acker- und Weideboden und das Meer brachten Nahrung im Überfluss. Einstmals waren auch heute unter dem Meeresspiegel liegende vormalige Küstenstreifen noch da und manches heutige Wüstengebiet war noch grün und voller Leben. Vorratshaltung und Fernhandel ermöglichten sogar das Leben in saisonal unfruchtbaren Regionen.
Vor 40.000 Jahren bildeten sich die Chinesen heraus, vor 30.000 Jahren die Inder, vor 15.000 Jahren die Europäer/Vorderasiaten. Vor 10.000 Jahren zogen Familien überall nahe zusammen und bauten Dörfer. Zur Aufsicht und Lenkung wurde der Erhabenste bestimmt. Die Erfahrung der Alten wurde geachtet und Schwierigkeiten wurden mit ihnen beratschlagt.
Hatten die Menschen zunächst unter Schutzdächern und in Zelten gehaust, bauten sie nun Häuser für eine Generation. Fürstenburgen, Tempel und Stadtmauern wurden bald für viele Generationen aus Stein errichtet. In den Siedlungen entwickelten sich, wie überall in Institutionen, die länger bestehen, Ordnung, Sprache, Kunststile, Traditionen, Zeremonien, Gemeinschaftssymbole wie Idole, Amulette, Standarten, Trachten und ein Gemeinschaftssinn.

Ein Verstehen der Lebenszusammenhänge erwächst durch Erlebnisse sowie durch Vergleichen und Mitfühlen mit dem Schicksal anderer. So bilden sich Einsichten. Solche Weisheiten wurden seit ältester Zeit als Sprichwörter und Gleichnisse überliefert, auch in den Piktogrammen des *I Ging* in China, die bis vor das 3. Jahrtausend v. Chr. zurückreichen. Sie stellen Tugenden und entsprechende Verhaltensweisen dar. Hier heißt es schon, dass Wissen und Wahrheit weiterzuverbreiten sind.

Die erste Religion als Weltverständnis war die Einfügung in die Natur: *Die Große Mutter,* Magna Mater, die Schöpferin, bringt alles im Überfluss hervor, auch Freude und Leid, sie lässt werden und vergehen. Das Leben ist zu genießen und zu pflegen. Zur Mutter Natur wurde an den Fruchtbarkeitsfesten im Frühjahr und im Herbst gebetet, außerdem an mystischen Plätzen, wie z. B. Höhlen und Quellen, aber auch im Stillen. Insbesondere Frauen trugen ihr ihre Klagen, Ängste und Bitten vor, wie Kinder ihrer Mutter.

Die eigentliche *Götterwelt* hat eine eigene Entstehungsgeschichte:

Mit dem Wachstum der Siedlungen entfaltete sich die Berufsspezialisierung. Bald gab es auch berufsmäßige Fürsten, die gesund, klug, wehrhaft und vermögend waren und von ihren Palästen oder Burgen aus alles lenkten. Diese Berufsfürsten orientierten sich aneinander und wurden zur Adelskaste. Mehr und mehr versuchten Fürstenfamilien durch Annexionen, Heiratspolitik und Spekulation auf Erbschaften ihre Macht zu vergrößern.

Einzelne Fürsten wurden wegen ihrer Bildung, ihrer Tatkraft, ihrer Weitsicht und ihrer Gerechtigkeit hochgeachtet. Noch nach ihrem Tod wurden sie verehrt, gefürchtet und als weiterwirkende Götter empfunden. Die Reichsbildungen führten dann dazu, dass über die Vielzahl von Schutzgöttern der einzelnen Städte, Stämme und kleinen Völker ein übergeordneter, maßgeblicher Gott gestellt wurde. Oft glaubten Großkönige, von ihm abzustammen, oder gaben dies vor.

Der Gottesbegriff entwickelte sich weiter, einerseits zu einem universalen Gott, dem Welterschaffer und Weltenherrscher, andererseits zu einem persönlichen Gott, wie einem ewigen Vater oder einer ewigen Mutter. Dieser Gott kann jedes Individuum lenken und beschützen. Man kann mit Ihm sprechen und verhandeln.

Die erste richtungweisende Lebensordnung, die *Totengerichtsreligion,* entwickelte sich unter dem Universalgelehrten Imhotep um 2600 v. Chr. in Ägypten:
Jeder ist für seine Lebensgestaltung verantwortlich und kommt an seinem Ende vor das Totengericht. Wer ehrfürchtig, gesetzestreu und fleißig lebt, wird spätestens dort Belohnung und Ehrung finden, andernfalls Strafe.
Gesetze dienen als Ordnungsmaßnahmen dem Gedeihen der Gemeinschaft.
Damals wurden in Ägypten auch Staat, Verwaltung, Handel, Rechtswesen, Wissenschaften und die Landwirtschaft geordnet. Der Herrscher, der Pharao, war göttlich, ein Sohn Gottes.

Gilgamesch, um 2200 v. Chr. König in Uruk in Mesopotamien, lehnte Willkür, Göttlichkeitsanmaßung und Totenkult des Megalithkultur-Adels ab, der seit dem 4. Jahrtausend v. Chr. herrschte. Fürsten sollen friedensstiftend und segensreich für ihr Volk wirken.

Im minoischen Kreta, 2000 bis 1350 v. Chr., wurde der *Priesterfürst* zum verantwortlichen Verwalter des Gottes, dem das Inselreich gehört. Die *Priesterfürstin* wurde zur mächtigen Ratgeberin der Frauen.

Diskos von Phaistos

Der Diskos von Phaistos ist ein Zeugnis der minoischen Religiosität:

Minos, der letzte minoische König, schrieb nach phönizischer Sitte in seiner Verzweiflung über die Eroberung des Landes durch die Mykener einen Fluch auf den Diskos, der den Feind schwächen sollte. Er verwandte die alte, für jedermann verständliche Bilderschrift und nicht die offizielle Linearschrift, welche die griechische Sprache wiedergab. Wie es phönizische Sitte war, vergrub er den Fluch, und zwar in einem Vorratsschacht des Palastes von Phaistos zusammen mit anderen heiligen Gegenständen, die er vor dem Feind verbergen wollte.

Der Diskos von Phaistos ist etwa handtellergroß und ungefähr fingerdick. Er besteht aus braungrauem, gebranntem Ton. Auf beiden Seiten ist er von innen nach außen spiralförmig mit Piktogrammen beschrieben, von links nach rechts.

Solche Piktogramme kommen vor allem auch bei den Philistern vor. Manche finden sich auch in den Hieroglyphen der Ägypter und bei den Hethitern und Puniern. Einige entsprechende Begriffe gibt es in der Bibel oder sie sind bei den Semiten allgemein gebräuchlich. Darauf weisen in der Piktogramm-Liste die Kennzeichnungen Ä, H, P, B, S hin. Die ASeite beginnt mit der Chrysantheme, die BSeite ist an der Prozessionsstraße, ihrem auffälligeren zweiten Zeichen, zu erkennen.

Die Piktogramme sind entsprechend ihrer Reihenfolge nummeriert. Die Zeichen werden in Nachzeichnungen aufgerichtet dargestellt.

ASeite: 1–40: Ich, der König von Kreta und seiner Flotte, schmücke Deinen Stab. Bitte bringe den Tod in den mykenischen Palast, in seine Länder, seinen Bauern und allen seinen Leuten und dem mykenischen König! Ich, der kretische König und Seeherrscher, Herr der Bauern und Seeleute, schmücke Deinen heiligen Stab und bitte Dich: Töte den Mykener! Die Geier mögen seine Leber forttragen! Töte auch seine Bauern! Töte den Mykener! Die Geier sollen mit seiner Leber davonfliegen! Lautes Klagegeschrei erschalle! Töte alle seine Handwerker und Leute! Töte den Mykener! Die Geier sollen seine Seele davontragen! 41–97: Ich bringe Dir ein Räucheropfer dar und bitte Dich: Gib mir die Herrschaft über die See und das Land wieder! Töte den Mykener! Die Geier sollen mit seiner Leber zum Himmel fliegen! Bringe Verderben über seine Untertanen, seine Fischer, in seinen Palast, in seine Haine, seine vielen Länder. Töte den Mykener! Die Geier sollen mit seiner Leber wegfliegen! Ich bringe Dir ein Räucheropfer dar und bitte Dich: Gib mir die Seeherrschaft wieder und die Länder! Strecke den Mykener nieder! Gib mir Kreta wieder, seine Fischer und Seeleute! Töte den Mykener! Die

· 35 ·

Piktogrammliste

A 1	Chrysantheme, Kreta. H	A 28	starker Arm, sehr, gib. S	A 107	minoischer König mit Schwert
A 2	minoischer König	A 29	Todeszeichen, Klageweib	A 111	Sänger, Lobgesang, Fest. B
A 3	Steuerruder, Seeherrschaft	A 32	Todeszeichen, Geier mit Leber. H	A 118	Vorratshaus, Palast. H
A 4	Anbeter	A 33	Handwerker? Maurer? Ä	A 124	Grab mit Steinen
A 5	Stab mit Gold, Chrysea, Opfer. H, P	A 42	Räucheraltar, Opfer. P	B 15	Sack voller Früchte
A 6	mykenische Burg, Akropolis	A 46	Seeherrschaft, Hochseeschiff, minoisches. P	B 16	Sichel, Ackerfrucht, Ackerbauer
A 7	Todeszeichen, Giftpfeil	A 54	Fisch	B 19	Weinbecher, Opfer. B
A 8	Sträucher, Bäume, Früchte, Bauer	A 74	Schiff mit Ladung	B 21	Gottesthron, Altar, Opfer. B
A 9	Land, Leute	A 75	Fischfanggabel, Fischfang, Fischer	B 65	Messer, Zimmermann, Schiffsbauer
A 11	mykenischer Schild, Mykener	A 81	voller Sack, viel, groß, gut. S	B 67	Muschel, Tuchfärber
A 12	mykenischer König mit Bürstenhelm	A 82	Schafsschenkel, Opfer. B	B 84	mykenisches Schiff
A 17	Pflug, Ackerfrucht, Ackerbauer	A 83	Ziegenschenkel, Opfer. B	B 91	Beil, Kupferbarren
A 18	Ruder, Ruderer, Untertänig	A 93	zerstörtes Zeichen, vmtl. A 9 Land, Leute	B 96	Versammlung
A 24	Todeszeichen, Dolch	A 98	Schwurhand, Versprechen	B 107	minoischer König mit Bogen
A 25	Todeszeichen, Geyer mit Leber. H	A 99	Stierkopf, Gottessymbol		
A 27	Todeszeichen, Schießbogen	A 103	Paradestraße, Lobpreisfest. H		

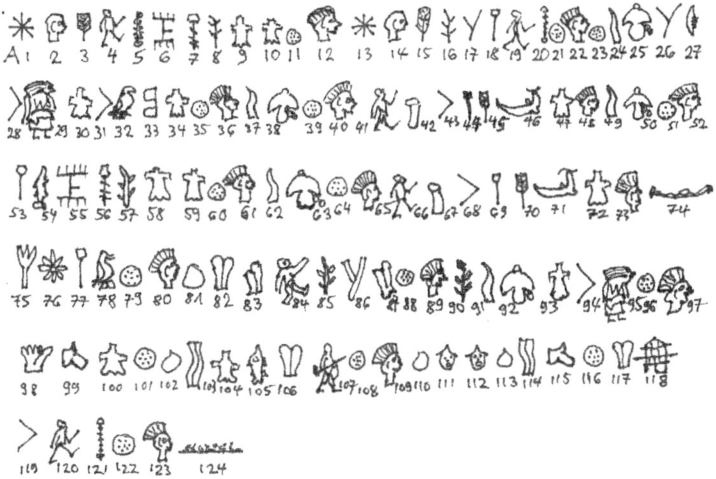

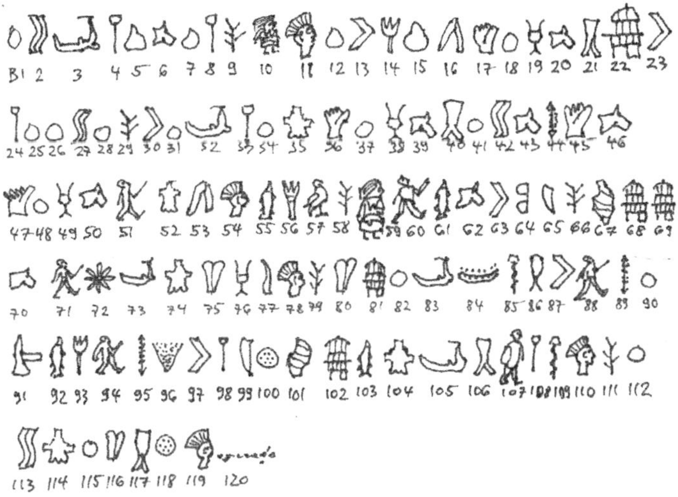

Geier mögen seine Leber herausreißen! Ich bringe Dir viele Schafs- und Ziegenschenkel. Ich bitte Dich um Nahrung, Früchte und Fleisch. Bitte töte den Mykener! Die Geier mögen mit seiner Seele davonfliegen! Töte auch seine Bauern und sonstigen Leute! Lautes Wehklagegeschrei um den Mykenerkönig erschalle! 98–124: Ich schwöre, Dir viele Mykener zu weihen, für Dich Lobpreisprozessionen zu veranstalten mit vielen Leuten. Ich verspreche Dir Fische und Schafsschenkel. Laß mich den Mykener erschlagen! Dann will ich für Dich Lobgesänge singen lassen und Prozessionen veranstalten. Ich werde Dir auch Mykener weihen, werde Dir Schafsschenkel opfern und einen Tempelpalast bauen. Ich schmücke Deinen heiligen Stab und bitte Dich sehr: Bring den Mykener unter die Erde!

BSeite: 1–43: Große Prozessionen mit vielen Schiffen werde ich für Dich veranstalten. Gib mir Nahrung und viele Leute! Lass Klagegeschrei erschallen wegen des Todes des Mykeners! Gib mir ertragreichen Fischfang und eine gute Ernte! Ich verspreche Dir Opfer für Deinen Altar und viel Wein. Gib Du mir die Palastherrschaft wieder und viele Leute! Ich verspreche Dir ein großes Lobpreisfest. Gib Du mir Nahrung, viele Schiffe und das ganze Land wieder! Ich verspreche Dir Opfer für Deinen Altar, viel Wein und ein großes Prozessionsfest. 44–78: Ich verspreche Deinen heiligen Stab zu schmücken und verspreche Dir guten Wein und bitte Dich: Gib mir Leute und Nahrung! Töte den Mykener! Geier sollen seine Leber herausreißen! Töte auch seine Fischer und Bauern! Laß die Klageweiber heulen! Ich opfere Dir einen großen Fisch. Gib Du mir bitte Bauhandwerker, Zimmerleute, Bauern, Tuchfärber und viele Palastdiener. Ich, Dein König des kretischen Reiches, Herrscher zu Wasser und zu Lande, opfere Dir Schafsschenkel und Wein. Bitte laß den Mykener sterben! 79–120: Ich opfere Dir Früchte und Schafsschenkel. Gib mir die Palastherrschaft wieder und viele Schiffe, die die feindlichen Schiffe rammen und versenken und den Mykenern den Tod bringen. Ich bringe Opfer zu Deinem Altar, schmücke Deinen heiligen Stab und bitte Dich sehr: Gib mir eine gute Ernte und ertragreichen Fischfang! Ich schmücke Deinen heiligen Stab und bitte Dich: Gib mir zahl-

reiche Untertanen, Seeleute, Handwerker, mykenische Sklaven, Tuchfärber, Palastvolk, Fischer, Länder und Schiffe. Ich opfere auf Deinem Altar. Laß mich als Deinen Diener den Mykener mit dem Giftpfeil töten! Ich opfere Dir Früchte und Schafsschenkel, veranstalte für Dich ein großes Lobpreisfest und opfere auf Deinem Altar. Bringe Du den Mykener ins Grab!
In der Aussage entsprechen sich A- und BSeite.
Gott wird, wie bei einem Handel, ein Opfer angeboten, in der Hoffnung auf eine bestimmte Gegenleistung. Gott wird nicht abgebildet.
»Schmücken des heiligen Stabes« bedeutet, ihn mit Goldbändern zu behängen.
»Gott geschenkte Mykener« mag bedeuten, dass sie versklavt, beschnitten, kastriert oder auf Scheiterhaufen verbrannt wurden.
Als Menschen mit Gesicht werden nur die beiden Könige dargestellt.
Aus eigener Kraft kann der minoische König die Mykener nicht mehr vertreiben. Es herrscht Mangel an allem, auch Hungersnot. Fisch war für die Kreter ein Hauptnahrungsmittel, Fleisch gab es wenig. Die Paläste waren Herrschaftssitz, Verwaltungszentrum, Kultzentrum und die Speicher für Vorräte und Waren.
Die Bitte »Vernichte den mykenischen König« wird beschwörend vielmals wiederholt. Vermutlich, weil es ein religiöser Text ist, erscheint nirgends das weltliche Nationalsymbol, die symmetrische Doppelaxt. Gleich geformte Beile dienten als handelbare Kupferbarren.

Nur auf der ASeite gibt es den kretischen König, das Steuerruder, die mykenische Burg, den Pflug, den auffliegenden Geier, das Räucheropfer, das Schiff mit Ladung, das Ziegenschenkelopfer, das Lobgesangsfest und nur auf der ASeite trägt der siegreiche minoische König ein Schwert. Das Steuerruder ist typisch für ein minoisches Schiff.

Auf der BSeite finden sich dagegen der Sack voller Frucht, die Sichel, das Trankopfer, das Altaropfer, der Zimmermann, der Tuchfärber, das Beil, das volle Gefäß und auf der BSeite trägt der siegreiche minoische König einen Bogen.

Diese Seite ist wohl für eine Population mit anderen Bräuchen geschrieben, wahrscheinlich für Mykener.

Zeichen- und Textwiederholung bedeutet »viele«.

Die horizontalen Linien benutzte der Schreiber als Zeilen. Die vertikalen Linien markieren oft Sinnzusammenhänge und Sätze, manchmal dienen sie nur zur Schreibplatzeinteilung.

Die Deutung vieler Piktogramme ist unsicher. Weitere Erkenntnisquellen wären vor allem ältere Schriften, insbesondere Linear A und Hieroglyphen.

Vordem waren alle Zeichen und die Leserichtung unbekannt. Nun ist der Inhalt der Inschrift zu erkennen.

Bilder, Piktogramme und Schriften

Mitteilungen wurden zuerst in Bildern gemacht. Das Denken findet aber in vertonten Begriffen statt. Sie ergeben aneinandergereiht die Sprache.
Erst mit der Erfindung von Begriffssymbolen, den Piktogrammen, wurde schriftliche Sprachwiedergabe möglich. Die figürlichen Piktogramme sind noch verständlich ohne Kenntnis der jeweiligen Sprache. Komplizierte Bilderschriften sind die chinesische und die indianische Schrift. Abstrakte Piktogramme sind die Symbole des *I Ging*, die Tugenden darstellen. Sie werden ausgedrückt durch Stapel von Balken, ungeteilten und in der Mitte geteilten. Dasselbe lässt sich durch Schnurknoten anzeigen, ferner durch Perlen auf einer Kette oder durch Tonfolgen, nämlich helle und dunkle Perlen, hohe und tiefe Töne, lange und kurze. Schnurknotenschrift gab es in China und bei den Indianern.
Weil sich Wörter aus Silben zusammensetzen, wurden dann Silbenschriften entwickelt. Als die Silben in einzelne Laute zerlegt wurden, erfand man die Buchstabenschriften, mit denen man endlich in Sprechgeschwindigkeit lesen konnte.

Echnaton, Amenophis IV., um 1350 v. Chr. Pharao in Ägypten, erkannte in Aton den einzigen Gott. Seine eigene göttliche heilige Familie soll vorbildlich für die Menschen leben. Er zeigt auch schon Verantwortungsbewusstsein für die Nachbarvölker, die Hethiter, Zypern und Ugarit.

Moses, um 1150 v. Chr. in Ägypten, vereinfachte die Vielfalt der ägyptischen Gesetze für die Religionsgemeinschaft der Israeliten zu 10 Grundgesetzen, den Zehn Geboten. Diese klare, für jedermann überschaubare Ordnung brachte Disziplinierung und Rechtssicherheit. Zu ihrer Einhaltung ist das gesamte Volk seinem Gott verpflichtet.

Die Zehn Gebote

1. Ich bin der Herr, dein Gott, der dich aus Ägyptenland, aus deinem Diensthause, geführt hat. Du sollst keine anderen Götter neben mir haben. Du sollst dir kein Bildnis noch irgendein Gleichnis machen, weder des, das oben im Himmel, noch des, das unten auf Erden, oder des, das im Wasser unter der Erde ist. Bete sie nicht an und diene ihnen nicht. Denn ich, der Herr, dein Gott, bin ein eifriger Gott, der da heimsucht der Väter Missetat an den Kindern bis in das dritte und vierte Glied, die mich hassen, und tue Barmherzigkeit an vielen Tausenden, die mich liebhaben und meine Gebote halten.
2. Du sollst den Namen des Herrn, deines Gottes, nicht missbrauchen; denn der Herr wird den nicht ungestraft lassen, der seinen Namen missbraucht.
3. Gedenke des Sabbattags, dass du ihn heiligest. Sechs Tage sollst du arbeiten und alle deine Dinge beschicken; aber am siebenten Tage ist der Sabbat des Herrn deines Gottes; da sollst du kein Werk tun noch dein Sohn noch deine Tochter noch dein Knecht noch deine Magd noch dein Vieh noch dein Fremdling, der in deinen Toren ist. Denn in sechs Tagen hat der Herr Himmel und Erde gemacht und das Meer und alles, was darinnen ist, und ruhete am siebenten Tage. Darum segnete der Herr den Sabbattag und heiligte ihn.

4. Du sollst deinen Vater und deine Mutter ehren, auf dass du lange lebest in dem Lande, das dir der Herr, dein Gott gibt.
5. Du sollst nicht töten.
6. Du sollst nicht ehebrechen.
7. Du sollst nicht stehlen.
8. Du sollst nicht falsch Zeugnis reden wider deinen Nächsten.
9. Lass dich nicht gelüsten deines Nächsten Hauses.
10. Lass dich nicht gelüsten deines Nächsten Weibes noch seines Knechtes noch seiner Magd noch seines Ochsen noch seines Esels noch nach allem, was dein Nächster hat.

Ehescheidung war, wie schon im Alten Ägypten, möglich.
Schwere Vergehen wurden bei Männern mit 7 Jahren Sklaverei bestraft, bei Frauen mit Steinigung.

Bei den Phöniziern, von Arabien bis zum westlichen Mittelmeer, und den Kelten bildete sich in den anschließenden Jahrhunderten eine *Dreigötterfamilie* heraus:
Gottvater ist der Tod. Er bestimmt das Schicksal. Die schöne Mutter und der mächtige Mann beherrschen das Leben.

Homer, ein kleinasiatischer Grieche um 700 v. Chr., berichtet von der Geschichte der Griechen des 14. und 13. Jahrhunderts v. Chr., ihrer bis dahin großartigsten Zeit. Seine Personen sind die Adeligen, die Fürsten. Er zeigt das Leben auf deren Höfen, ihr Familienleben, Herrschen, Reisen, hier mit Schiffen, zum Handeln, Erkunden, Krieg führen und zu Raubzügen. Ihre Sitten spiegeln sich im Verhalten der mitdargestellten Götter und deren Reden. Das ist die Welt der keltischen Adelskultur. Homer systematisiert die griechische Götterwelt und beschreibt auch das Leben im Allgemeinen, Charaktere und Schicksale, insbesondere der Krieger und Seefahrer. Seine Bücher, Ilias und Odyssee, sind voller Spruchweisheiten zur Belehrung der Allgemeinheit. Ihre Beliebtheit und Verbreitung trugen entscheidend zur Herausbildung von griechischer Kultur, Sprache und Nationalität bei.

In Persien entwickelte sich der *Dualismus,* d. h. die Teilung der Götterwelt in Gut und Böse. Diese Vorstellung war auch bei den Kelten verbreitet und kommt bis nach Indien vor. Die bösen Götter sind Satan, Teufel, Shiva und Kali, die in dieser Eigenschaft dunkelhäutig dargestellt werden. Auch ihnen wurde geopfert und zu ihnen wurde gebetet, insbesondere im Zusammenhang mit bösen Wünschen und Werken. Sie sollten Verbrechen und Treulosigkeit absegnen.

Strafen und Bußen werden von bösen Menschen einkalkuliert. Oft verstecken sich solche Menschen, manchmal tarnen sie sich sogar durch zur Schau getragene rege Teilnahme am üblichen religiösen Brauchtum.

Zarathustra, im 6. Jahrhundert v. Chr. in Persien, beruft sich auf den guten, allmächtigen Gott. Die guten Menschen, beseelt vom Mantra, dem heiligen guten Weltgeist, sollen wahrhaftig, gerecht, treu, maßvoll, umsichtig, fleißig und tapfer sein und sich gegenseitig unterstützen im immerwährenden Kampf mit bösen Menschen zur Reinigung und Verbesserung der Welt.

Aristoteles, im 4. Jahrhundert v. Chr. in Griechenland, lehrt, dass Vernunft und Tugendhaftigkeit Denken und Handeln bestimmen sollen. Der jeweiligen Herrschaft aber ist unbedingt zu gehorchen. Dieses Denken führte im Abendland zu mächtigen Staatswesen.

Die religiöse Tradition und Geschichte der Juden bis zur Eroberung des Landes durch die Griechen unter Alexander dem Großen ist im Alten Testament der *Bibel* aufgeschrieben. Dann gab es erst mit *Jesus* noch etwas Neues. Zur Zeit Jesu war im Judentum die pharisäische Richtung vorherrschend, die das ganze Leben nach den religiösen Gesetzen ausrichten und überwachen wollte und das Totengericht und eventuell ewiges Leben im Paradies verheißt. Daneben gab es noch die Sadduzäer, deren Glaubenswelt allein die Erfüllung der Zehn Gebote und der Traditionen waren, und die Makkabäer, denen das nationale Interesse das Wichtigste war.

Originale Zeugnisse der Urchristen sind die Paulusbriefe und die Apostelgeschichte.

Jesus

Jesus war Zimmermann. Zur geistlichen Ausbildung wurde Jesus im Essener Kloster Qumran aufgenommen. Die Essener waren schriftgelehrte Wanderprediger. Sie gehörten nicht zum Stamm Levi, der das Monopol der Priestertätigkeit für sich beanspruchte. Jesus gehörte zum Stamm David. Die Essener wandten sich gegen den Sittenverfall, den die Besetzung Israels durch die heidnischen Römer mit sich brachte. Sie ermahnten zur Befolgung der Zehn Gebote und dazu, die Sünden zu bekennen. Wichtig war ihnen auch, dem Nächsten zu helfen. Johannes der Täufer war Abt des Klosters, Erzieher, Ausbilder und Vorgänger von Jesus. Johannes fiel wegen seiner Kritik an der Unmoral des jüdischen Königshauses in Ungnade und wurde ermordet. Jesus begann im Alter von 30 Jahren zu predigen und starb im Alter von 50 Jahren. Oft predigte Jesus auf einem kahlen Hügel. Das war seit alters ein beliebter Versammlungsort. Inhalt der Predigten war das Alte Testament samt Kommentierung. Besonders wichtig waren Jesus die Zehn Gebote, zu denen er Demut und Nächstenliebe hinzufügte. Er teilte seine Weisheit allen mit.

Jesu Predigt

Der Mensch lebt nicht vom Brot allein, sondern sucht den Sinn seines Lebens.

Fromm zu sein, macht Freude, stärkt, tröstet, besänftigt, macht treu, barmherzig und friedlich. Die Frommen leben wahrhaftig, rücksichtsvoll, bescheiden und fleißig. Solche Menschen gibt es in allen Nationen und Völkern.

Der Fromme bleibt in Versuchung und Gefahr unerschütterlich.
Im inneren Frieden erschrickt das Herz nicht und fürchtet sich nicht.

Fromm zu leben, ist wichtiger als Lebensfreude, Reichtum, Herrschaft und Ansehen. Es ist auch wichtiger als das Festhalten an Bräuchen und wichtiger als das Opfern.
Fromm zu leben, kann u. U. wichtiger sein als die Erfüllung weltlicher Gesetze und Pflichten; mitunter kann es auch wichtiger sein als die Rücksichtnahme auf Verwandtschaft und Heimat.

Zur Frömmigkeit gehören Demut sowie Hilfsbereitschaft und, wenn es sein muss, sogar der Einsatz des eigenen Lebens. Die Frommen sind wertvoller als alle anderen Menschen.

Die Zehn Gebote sind die einzige feste Lebensgrundlage. Sie verkörpern den Heiligen Geist, der das Herz gänzlich ausfüllen soll. In ihrer Befolgung erfüllt sich Gottes Wille und verändert sich die Welt, wie Er es will. Die Verwirklichung des Heiligen Geistes in Form der Zehn Gebote ist die oberste Rechtfertigung.

Liebt Gott mit ganzem Herzen und allen Kräften. Vertraut Gott und dem Leben. Seid zuversichtlich und habt keine Angst vor der Zukunft. Kümmert euch um heute und nicht um morgen.

Betet im Stillen.

Gottes Tempel soll eine Stätte der Andacht sein.

Bekennt eure Sünden und tut Buße.

Von Gott ist nichts zu fordern.

Schmäht, flucht und schwört nicht.

Auch am 7. Tag muss man Gutes tun und Leben erhalten, denn der Sabbat ist für den Menschen geschaffen und nicht umgekehrt.

Achtet die Ehe, die einmalig ein soll, und verführt keine fremde Frau. Geschiedene sind zu behandeln wie Verheiratete.

Stehlt nicht. Schützt nicht nur eure Dinge, sondern lebt bescheiden, um Neid und Begehrlichkeit nicht aufkommen zu lassen.

Bindet euer Herz nicht an Reichtum und Besitz. Dient nicht dem Mammon.

Einige dich mit deinem Gläubiger.

Seid fleißig. Der Tüchtige bekomme mehr als der Untüchtige.

Die Wahrheit ist zu suchen, zu bekennen und ihr zu dienen.
Hört nur auf gute Lehrer und seid selbst gute Lehrer.
Entscheidet euch klar zwischen Ja und Nein.

Nichts ist rein, wenn die Gedanken nicht rein sind.
Lügt und betrügt nicht.

Ordnet zuerst eure eigenen Angelegenheiten, bevor ihr andere kritisiert und verurteilt, sonst seid ihr unglaubwürdig. Urteilt und handelt gerecht.

Liebt den Nächsten wie euch selbst und richtet so über ihn, wie ihr wolltet, dass über euch gerichtet werde. Gott will die Welt nicht richten, sondern glücklich machen.

Brüstet euch nicht eurer Frömmigkeit, eurer guten Werke, eures Ansehens, eures Wissens, eures Reichtums, auch nicht eures Priesterstandes, vielmehr sei jeder dem anderen ein Diener.

Schämt euch eurer guten Taten nicht.

Seid sanftmütig und demütig, so findet ihr Ruhe. Seid friedlich, nachgiebig und entgegenkommend und bemüht euch, euch zu versöhnen. Uneinigkeit zerstört Familie und Staat.

Seid barmherzig und gütig auch zu demütigen Sündern und helft ihnen, auf den rechten Weg zurückzukehren, nötigenfalls immer wieder. Schuld ist kein endgültiges Schicksal, sondern sie kann vergeben werden, auch wiederholt.

Seid barmherzig und gütig auch zu Undankbaren und Bösen und verzeiht.

Seid mild auch zu Feinden und Betrügern. Zorn, Beleidigung, Verfluchen, Rachsucht schaffen Streit und Mord.

Erbarmt euch der Armen und Bedürftigen. Schenkt, ohne auf Dank und Anerkennung zu hoffen. Bittet selbst und gebt dem Bittenden. Nehmt an, was euch in frommer Gesinnung gegeben wird, und seid darin nicht wählerisch.

Viele können den Sinn der Gebote und der Religion nicht verstehen.
Gotteslästerung ist eine schwere Sünde.
Die allergrößte Sünde ist die Lästerung des Heiligen Geistes, der die Zehn Gebote verkörpert.

Es gibt Menschen, die von Grund auf schlecht sind und ausgeschlossen werden müssen.

Das *Vaterunser* ist sein Glaubensbekenntnis:

Vater unser, der Du bist im Himmel,
geheiligt werde Dein Name,
Dein Reich komme,
Dein Wille geschehe, wie im Himmel, so auch auf Erden,
unser tägliches Brot gib uns heute,
und vergib uns unsere Schuld,
wie auch wir vergeben unseren Schuldigern,
und führe uns nicht in Versuchung,
sondern erlöse uns von dem Übel.
Amen.

Christliche Moral, christliches Denken und Handeln

Schöpfer allen Lebens,
Du willst Frieden und Wohlergehen.
Dein Wille geschehe und Deine Gesetze seien erfüllt:
Deinen Namen zu ehren.
Nur Dich zu verehren.

Nur Dir zu gehorchen.
Am 7. Tag nicht zu arbeiten.
Das Alter zu ehren, auch Vater und Mutter.
Nicht zu morden und zu quälen.
Die Liebe nicht zu missbrauchen und die Ehe nicht zu brechen.
Nicht zu stehlen und fremdes Eigentum nicht zu beschädigen.
Nicht zu lügen und zu täuschen.
Nicht zu schwören und zu fluchen.
Sanftmütig, demütig und friedfertig zu sein.
Barmherzig zu sein und dem Nächsten zu helfen. Amen.

Nächstenliebe bedeutet, Geduld zu haben mit den Nächsten und ihnen zu helfen.

Wenn es auch keine geschichtlichen Zeugnisse gibt von der Verurteilung und Hinrichtung Jesu, von seinem Märtyrertod, so muss man an den einhelligen Aussagen seiner Jünger und der Überlieferung der Kirchenväter diesbezüglich nicht zweifeln.
In Israel herrschten damals turbulente Zeiten. Wohl deshalb fand das persönliche Schicksal Jesu keine offizielle Beachtung und Erwähnung. Die autorisierten, levitischen Priester und der jüdische König hatten Jesus töten lassen, weil er als Abkömmling des Hauses David nicht predigen durfte, weil er nicht obrigkeitshörig war; stattdessen predigte er dem Volk eine strenge Moral und die Brüderlichkeit. Auch dass er großen Zulauf hatte, missfiel der Obrigkeit. Sie fürchteten nämlich die Kritik dieser Moralisten und die Macht dieser Verbrüderungsgemeinde.
Generell bedeutete die essenische Glaubensrichtung noch keine Abspaltung vom Judentum.

Das Christentum

Jesus war ein untadeliger Mensch und lebte vor, was er predigte. Seine Lehre wurde als vollkommen erkannt und als göttliche Mitteilung verstanden. Darum war Jesus an sich ein Prophet, ein Wahrsager, ein Weiser.

Im Sinne Jesu begann Paulus seine Missionstätigkeit. Er ordnete die Gemeinde, auch die Auswahl und Stellung der Priester, und lehrte eine christliche Lebensgestaltung. Glaube kommt vom Heiligen Geist, aus der Seele, und ist nicht zu begründen. Wenn Unterweisung fehlt, kann das Gewissen den rechten Weg finden. Nicht Zion, sondern die Gemeinde, die im Heiligen Geist lebt, ist der Tempel Gottes, sein wahres Israel. Jesus will sich ein eigenes Volk schaffen.

Das Kreuz wurde zum Symbol der Anhänger des neuen Glaubens, den die Apostel einhellig teilten. Mit der Taufe werden die alten Sünden abgewaschen und beginnt ein neues Leben mit reinem Gewissen. Das Abendmahl symbolisiert das Verspeisen eines Opfertieres, das Gott gehört, und stellt insofern eine Gemeinschaft mit Gott und den Gläubigen her. Alte Traditionen des Judentums, wie z. B. koscher essen und die Beschneidung, sind bedeutungslos. Gebet zu Engeln und Frömmigkeitsübungen, wie z. B. Diät, Fasten und Kasteiungen, haben keinen Sinn.

Die späteren Kirchenväter ergänzten die Lehre Jesu, formten die Kirche und schufen so das Christentum. Die erfolgreiche Missionstätigkeit, schon der Urchristen, sogar unter den Juden, zog ihnen den unerbittlichen Hass der orthodoxen Juden zu.

Für sie waren häretische Lehren:

- die metaphysische Deutung der Hinrichtung Jesu als Opfertod zur Entsühnung der ganzen Menschheit
- dass Jesus auferstanden sein soll und in den folgenden 40 Tagen wiederholt seinen Jüngern erschienen sein soll
- dass Jesus ein von Gott bestellter ewiger Hoher Priester sei
- dass Jesus Gottes Sohn sei und selbst ein Gott
- dass Jesus beim Jüngsten Gericht Richter sein soll

Somit war eine Abspaltung vom Judentum, eine Sekte, eine neue Religion entstanden. Unversöhnliche Feinde waren neben den orthodoxen Juden auch die Anhänger des Kaiserkultes bzw. der Kaiser selbst, feste Anhänger zuvor bestehender Religionsgemeinschaften, Atheisten und natürlich die Amoralischen.

Im Jahr 70 n. Chr. wurden die Juden von den Römern aus Jerusalem und Palästina vertrieben, ihr Zentralheiligtum, der Tempel, zerstört und das jüdische Königtum aufgehoben. Danach lebten diese sephardischen Juden in Diasporagemeinden überall im Römischen Reich. Eine Durchmischung der Völker und Religionen bewirkten die Freizügigkeit im Römischen Weltreich, die absichtliche Versetzung von Beamten in ferne Regionen, die systematische Verlegung von lokal ausgehobenen Legionen in ferne Länder und die Anziehungskraft der Großstädte.

Allgemein gab es damals viel mystische Vorstellungen und Erwartungen im Mittelmeerraum und bis Persien. Über den ägyptischen Raum hinaus war der Isis-Osiris-Serapis Kult weitverbreitet. Bei den Griechen zählte wohl die Mehrheit zu den Dionysiern/Bacchanten und Orphikern und es gab vielerorts kleine Gemeinden von Pythagoreern, Epikureern und Neuplatonikern. Hauptsächlich in Persien, aber auch im Römischen Reich kam der Mithraskult vor. In den Mysterienkulten erscheint die Gottheit jedes Jahr und stirbt dann im Verlauf des Jahres, üblicherweise an den Tagundnachtgleichen. Bei den Griechen und Römern bestand außerdem noch der Glaube an die wundertätigen antiken Götter. Damals achteten auch noch viele auf Orakel und astrologische Bestimmung. Ägypten selbst hatte mit den göttlichen Pharaonen auch seine religiöse und staatliche Ordnung verloren. Die ersten römischen Kaiser strebten Allmacht und göttliche Verehrung an nach Art der Pharaonen. Im 3. Jahrhundert n. Chr. entstand schließlich noch als neue Religion in Persien der Manichäismus und verbreitete sich stark, auch im Römischen Reich, er wurde allerdings noch im selben Jahrhundert in seinem Ursprungsland Persien verboten.

Die Kirchenväter wollten in den ersten nachchristlichen Jahrhunderten den Anhängern möglichst vieler Glaubensgemeinschaften in der christlichen Kirche eine Heimat geben. Deshalb ergänzten sie die ursprüngliche jüdisch-christliche Lehre entsprechend. Zum Beispiel ist die Offenbarung des Johannes nur als Entgegenkommen für die Manichäer verständlich. Geschrieben wurde das Neue Testament also erst im Verlauf des dritten nachchristlichen Jahrhunderts, und zwar im spätantiken literarischen Stil Alexandrias, das hauptsächlich von Griechen und Ägyptern bevölkert war. Damals war die Welt geistlich schrecklich zersplittert und einigte sich deshalb bereitwillig auf eine neue allgemeine religiöse Ordnung.

Es war üblich, Sachverhalte, Handlungsabläufe und Reden durch zwei Zeugen bestätigen zu lassen. Die Lehre Jesu samt Ergänzungen durch die Kirchenväter wurde von ihnen vierfach bezeugt in den Evangelien.

Das unbekannte Geburtsjahr Jesu wurde einem astronomischen Ereignis zugeordnet, dem Erscheinen des Kometen »Stern von Bethlehem« um die Wintersonnenwende. Dieses Jahr wurde zum Jahr null erklärt. Astrologisch wurde das Erscheinen des Kometen als Hinweis auf die Geburt Jesus gedeutet.

Kaiser Konstantin setzte den 24. Dezember als den genauen Geburtstag fest Er bestimmte auch den Sonntag anstelle des Samstages, des Sabbats, zum wöchentlichen Ruhetag.

Als magische Punkte gibt es heute u. a. noch wundertätige heilige Quellen. An antiken heidnischen Festen werden immer noch Silvester und Karneval gefeiert. Viele Legenden kamen hinzu. Zu vielen Heiligen kann gebetet werden und es werden Prozessionen und Feste für sie gefeiert.

Das apostolische Glaubensbekenntnis

Das apostolische Glaubensbekenntnis umfasst das kirchliche Glaubensgebäude:

Ich glaube an Gott, den Vater, den Allmächtigen,
den Schöpfer des Himmels und der Erde,
und an Jesus Christus, seinen eingeborenen Sohn, unsern Herrn,
empfangen durch den Heiligen Geist,
geboren von der Jungfrau Maria,
gelitten unter Pontius Pilatus, gekreuzigt, gestorben und begraben,
hinabgestiegen in das Reich des Todes,
am dritten Tage auferstanden von den Toten, aufgefahren in den Himmel.
Er sitzt zur Rechten Gottes, des allmächtigen Vaters.
Von dort wird Er kommen, zu richten die Lebenden und die Toten.
Ich glaube an den Heiligen Geist, eine heilige christliche Kirche,
Gemeinschaft der Heiligen, Vergebung der Sünden,
Auferstehung der Toten und das ewige Leben.
Amen.

Kirchenspaltungen

Die Erhebung des Christentums zur Staatsreligion führte zur Zwangsmissionierung großer Bevölkerungsteile, aber auch zur Kirchenspaltung an den Reichsgrenzen.

Insbesondere die Rückbesinnung auf die antike Geisteswelt in der Renaissance weckte Kritik an den mystischen Zusätzen der Kirchenväter zur Lehre Jesus. Dies bewirkte zusammen mit dem Reichszerfall weitere Kirchenspaltungen. Bis heute bilden sich Sekten.

Viele Christen glauben nicht alle Teile des kanonischen Glaubensgebäudes, insbesondere neuere Erweiterungen sind für sehr viele Menschen unglaubwürdig und gefährden das Interesse an Jesus und der Bibel überhaupt.

Die Kirche sollte niemand veranlassen, mitzusprechen, was er nicht glaubt. Der Tradition ist Genüge getan, wenn solche Texte vorgesprochen werden.

Durch Weglassen von allem Unsicheren im Glaubensgebäude gelangt man zu der darin enthaltenen Weisheit.

Eine lebendige kirchliche Gemeinde betet nicht nur und achtet nicht nur auf die Einhaltung der Zehn Gebote, sondern bemüht sich vor allem um das Wohlergehen des Nächsten; das sind zuerst die Gemeindemitglieder.

In der Gegenwart verübeln ernsthafte Christen vielen Kirchen, dass sie die moralischen Forderungen aufweichen, um sich den Zeitmoden, politischen Strömungen und der Masse anzupassen. Auch die moralischen Ansprüche, die an die Priesterschaft selbst gestellt werden, werden immer geringer, was wiederum die Glaubwürdigkeit der Kirchen sehr beeinträchtigt.

Sehr viele leben in diesen Jahrzehnten nicht entsprechend den Zehn Geboten und dem Gebot der Nächstenliebe. Deswegen meiden und bekämpfen sie moralische Kritik und distanzieren sich von der Kirche. Auch der atheistische, antikirchliche Sozialismus ist sehr verbreitet. Die Möglichkeit, die Kirchensteuer zu sparen, ist ein weiterer Grund, der sehr viele dazu veranlasst, die Kirche zu verlassen.

Dogmatisch stammt auch der Islam vom pharisäischen Zweig der jüdischen Religion. Sein Prophet *Mohammed,* um 600 n. Chr. in Arabien, beruft sich auf die Bibel, das Geschichts- und Weisheitsbuch der mosaischen Religionen und auf Jesus als Propheten. Die Mythologie der christlichen Kirche lehnt er ab.

In der Sammlung seiner Predigten, dem Koran, sind streng geregelt die Befolgung der Zehn Gebote und weiterer Gesetze, der Scharia. Wofür es keine Gesetze gibt, ist nach dem Gewissen zu entscheiden. Der Gute ist zu unterstützen, wenn er bedürftig ist. Der Schlechte ist nicht zu beachten. Das Leben ist zu erhalten. Armut und Tod sind nicht zu fürchten. Auch das Brauchtum ist verpflichtend.

Kriegerisch-missionarisch einte der Islam die Araber. Ebenso breitete er sich dann nach Ägypten, Nordafrika, Spanien, Unteritalien und Persien aus. Bedeutend war auch, dass die Türken, einige Turkvölker und Nachbarvölker in Nordwestindien und Inselindien den Islam als Religion annahmen. Missionarisch wendet sich der Islam an alle Menschen, wie vorher schon das Christentum.

Der *Sozialismus* hat auch den Charakter einer Religion.

Das abendländische Denken ist vom Dualismus Gut und Böse, der Gesetzestreue und entsprechender Moral beherrscht. In seinen Religionen gibt es zwei Arten der Besinnung:

1. Die Gewissensbefragung, ob man tugendhaft und gesetzestreu lebt. Die Tugenden sind großteils in den Gesetzen enthalten, die für alle verbindlich sind und unter Anwendung von Zwang Ordnung herstellen und erhalten. Verlässt man diesen Lebensrahmen, den rechten Lebensweg, und tut etwas Böses, verliert man Unschuld und Ehrbarkeit, wird zum Sünder und Verbrecher. Gute und schlechte Verhaltensweisen und Taten kann sich jedermann selbst aufzählen und sich selbst und andere daraufhin prüfen.

2. Das Gebet. Man bittet Gott um das Wichtigste für sich selbst oder hat viele Wünsche für alles, was einem lieb ist. Ersetzt man die Wörter »Ich bitte um/für« durch »Ich denke an«, erkennt man, dass das Gebet eine Meditation ist.

In Südostasien und Ostasien entwickelten sich andere Denkweisen:

Indien

Krishna, im 2. Jahrtausend v. Chr., erklärt in der Bhagavadgita, dass der Staat nur funktionieren und blühen kann, wenn seine Verantwortlichen das für die Gesamtheit Richtige tun, ohne Rücksicht auf persönliche Gefühle. Ist doch das Wesen des Lebens in allen enthalten, im Siegenden wie auch in dem, der besiegt wird.

Damals bestand schon die hinduistische *Seelenwanderungsreligion,* auch eine weltverbessernde Heilslehre: Jeder soll an seinem Platz und in seiner Stellung das Beste tun, damit er dann im nächsten Leben ein besseres Leben bekommt, bis er endlich ein reines, unschuldiges Leben als Letztes erreicht und mit der ewigen Ruhe belohnt wird. Andernfalls muss er als Nächstes ein schwereres Leben durchmachen.

Buddha, im 5. Jahrhundert v. Chr., will den Menschen vom Leid befreien, mit dem Leben und Schicksal versöhnen, sodass er am Lebensende in Frieden ins Nirwana entschwinden kann. Man soll wahrhaftig, gerecht, bedächtig, maßvoll und genügsam sein. Das Lebensgetümmel ist möglichst zu meiden. Bescheiden seien auch Erwartungen und Hoffnungen, dass die Seele nicht an Enttäuschungen leidet und krankt.
Der Buddhismus verbreitete sich durch Missionare in Indien, Hinterindien, Inselindien, China, Japan und im mongolischen Raum und wurde von verschiedenen Herrschern ab etwa 300 v. Chr. zur Staatsreligion erhoben. Mit seiner Bescheidenheit und Zurückgezogenheit verträgt er sich nicht mit strengen Lebensordnungen wie dem Islam, dem leistungsorientierten Kapitalismus oder dem totalitären Staat der Sozialisten.

Ramakrishna, um 1870 n. Chr., teilt die Entfaltung des Herzens aus dem Zustand des Unverständnisses zum Allesverstehen in vier Ebenen ein, die man nacheinander erreichen kann, etwa so: das Persönliche, das Land, die Welt, die Ewigkeit.

China

Die jahrtausendealte chinesische Weisheitssammlung *I Ging* wurde kontinuierlich überliefert. Auch Konfuzius hat sie noch kommentiert.

Laotse, um 400 v. Chr., ermahnt, natürlich und besonnen zu leben. Soweit man voraussehen kann, soll man das Richtige, das Ti, verwirklichen. Das letztlich Richtigste, das Tao, soll man suchen, obwohl man es nie mit Gewissheit erkennen kann, weil Schicksal und Zukunft unbekannt sind. Für das Alltagsleben rät er: leben und leben lassen. Toleranz gibt individueller Entfaltung und Kreativität größtmöglichen Raum. Schädliche Entwicklungen aber sind zu bekämpfen.

Konfuzius, um 400 v. Chr., begrenzt das Ti durch die Rücksichtnahme auf Institutionen und Traditionen und erhebt es in dieser abgewandelten Form als Li zur Pflicht. Damit begründet er den institutionalisierten Beamtenstaat, die strenge Ordnung des Schul- und Ausbildungswesens und den unbedingten Obrigkeits- und Staatsgehorsam der Ostasiaten.

Um die Zeitenwende war für wenige Jahrhunderte in China der Buddhismus Staatsreligion.

Ostasiatisch dachten auch aztekisch-indianische Ärzte. Sie fragten den Schwerkranken: »Warum willst du noch leben?« Wo ein starker Wille ist, erscheint kein Weg zu gefahrvoll, zu beschwerlich oder zu weit.

Bei den Ostasiaten reinigt Besinnung die Seele von den Verwirrungen und Verirrungen des Alltags und bringt sie innerem Frieden näher.
Alte religiöse Vorstellungen und Bräuche leben in der Bevölkerung lange weiter, in ihrem Denken, in ihrer Sprache und in ihren Gewohnheiten.

Von vielen Menschen, die einen Gottesbegriff nicht kennen, wird die christliche Moral hochgeachtet.

Alte Geschichte

Jedes Volk muss sich um seinen Bestand sorgen. Isolierte Völker unter 30.000 Personen sterben aus.

Gemeinschaften werden durch ihre Ordnung gestärkt und geschützt. Dazu müssen ihre Leitpersonen angesehen und geachtet sein.
Die Führungsschicht kann ausfallen, z. B. wenn der Adel die Krieger stellte oder die Nachfolger unfähig waren oder primitive Volksschichten in blindwütigem Hass alles Herrschaftliche entmachteten oder zerstörten. Solcher Hass war oft verursacht durch Despotismus, wenn die Beherrschten wie eine ausbeutbare Ware misshandelt wurden.
Völker kommen auch in Gefahr durch Schwund von Gemeinschaftssinn, Gruppenegoismus, Polarisierung, erbitterte Streitereien, Häresie, Landesverrat, Überfremdung, ferner durch Kulturverfall, Degeneration, Verrohung, durch Verarmung, Hunger, Seuchen, durch Katastrophen und verlorene Kriege.
Verfall kann schleichend oder plötzlich kommen und dauert oft viele Generationen lang. Es gibt auch Rückfälle in vormalige Zustände. Zum Beispiel trat despotischer Erbadel immer wieder auf und alte religiöse Bräuche sowie Begräbnissitten kamen wieder.
Völker wehren sich gegen Schädigungen mittels Gewaltanwendung, Ausgrenzung, Inhaftierung, Vertreibung, Krieg, Flucht oder durch Umorganisation und Reformen.

Benachteiligung, Isolierung, Umklammerung, Bevormundung von Völkern führen zu Befreiungskriegen. Wie ein Einzelner kann sich auch ein kleines, schwaches, armes Volk tapfer, hartnäckig, listig, tollkühn, todesmutig wehren und eventuell siegen.

Zur Wanderung von Völkern oder Volksteilen führen vor allem Überbevölkerung, Eroberungs- und Expansionsstreben, Missionseifer oder auch Verschlechterung der Lebensbedingungen und Verdrängung durch Feinde. Von vielen Völkern blieben kaum Spuren, weil sie zu klein waren und in der Masse der alten oder neuen Bevölkerung aufgingen. Kulturen breiten sich auch durch Übernahme fremder Lebensstile und Organisationsformen aus, oft langsam, in Jahrhunderten, bis sie schließlich abgelegene und entfernte Gebiete erreichen.

Weltgeschichte kann als eine Abfolge von Völkerwanderungen und Kulturausbreitungen beschrieben werden, die bis in die Gegenwart reicht:

Die *Glockenbecherkultur* entstand im 3. Jahrtausend v. Chr. in Spanien. Sie dehnte sich mit einer Masseneinwanderung über Europa bis nach Persien aus. Ihre Kraft beruhte auf reichem landwirtschaftlichem Wissen, das vom Mittelmeerraum stammte, und der Bereitschaft, sich in größeren Gruppen zu organisieren.

Die *Trichterbecherkultur* bildete sich im 2. Jahrtausend v. Chr. in Europa. Mit ihr breiteten sich die Indogermanen aus. Ihre Stärke war die Pferdezucht.

Die *Urnenfelderkultur* entfaltete sich in Europa um 1000 v. Chr. Sie lehnte Ahnen- und Totenkult und Erbadelsvorrechte ab, die seit der Megalithzeit, ab ca. 4000 v. Chr., bestanden. Die Toten wurden verbrannt. Der Herrscher wurde nun von einem Rat freier Bürger als Primus inter Pares gewählt.

Im 2. und 1. Jahrtausend v. Chr. entstanden große indogermanische Völker, die sich nach Süden und Südosten in Bewegung setzten: die Keltiberer, Italiker, Illyrer, Griechen, Gutäer, Hethiter, Kassiten, Armenier, Meder, Perser, Brahmanen. Die Tocharer erreichten sogar die Nordgrenze Chinas.

Die *keltische Kultur* reichte von England über Belgien, Frankreich, Spanien, Süddeutschland, den Alpenraum, Böhmen und Ungarn bis zum

Balkan. Die Kelten erreichten eine höhere Kulturstufe durch den Kontakt der griechischen Nachbarn mit dem Orient und Ägypten, durch den Austausch mit den Etruskern und schließlich die Romanisierung.

Der Römer Caesar wollte die Kelten von den nördlichen Völkern trennen, denen er den Namen *Germanen,* »Eisenleute«, gab. Er hielt sie nämlich für Sarmaten und »Germanen« war seine Übersetzung dieses Namens. Ein germanisches Volk hielt Caesar für Alanen und nannte es Alemannen. Die richtigen Sarmaten aber gehörten wie die Skythen und Alanen zu den nordpersischen Völkern, die immer wieder in die Keltengebiete einfielen und einwanderten.

Nach dem Zusammenbruch des Weströmischen Reiches dehnten sich die Elbgermanen, Angeln, Sachsen, Thüringer, Franken, und die Odergermanen, Vandalen, Goten, Burgunder, Langobarden, nach Westen aus. Die Schwaben wanderten großteils nach Spanisch-Galizien. Die Vandalen überrannten anschließend Spanien und zogen bis nach Algerien, Tunesien und Sizilien. Nachfolgend setzten sich die Westgoten in Südfrankreich und Spanien fest. Die Ostgoten wanderten nach Italien und nach ihnen die Langobarden. Die Franken expandierten nach Nordfrankreich und nach ihren Siegen über Burgunder, Alemannen, Thüringer, Sachsen und Langobarden bis nach Ostpreußen und Österreich. Die Angelsachsen und später die Normannen setzten großteils nach England über. Im Osten blieben von den Germanen die Gepiden, Ostheruler und Volksreste. Der Südwestwanderung germanischer Völker und dem Rückzug Ostroms folgten im 6. Jahrhundert n. Chr. unter dem Schutz der Awaren *slawische Völker,* die bis nach Hamburg, Brandenburg, Sachsen, an den Main, Böhmen, Tirol und in den nördlichen Balkan kamen. Germanen und Slawen erreichten eine höhere Kulturstufe durch den Kontakt mit Rom, Ostrom und den Arabern sowie durch die Christianisierung.

Zur Westwanderung der Germanen trug ab dem 4. Jahrhundert n. Chr. auch maßgeblich der Expansionsdruck der *Turkvölker* bei, die von der

Nordgrenze Chinas her ihre Reiche unter Aufnahme und Assimilierung vieler Völker ausdehnten und sich nach Westen in Bewegung setzten. Zuerst überrannten die *Hunnen,* ausgestattet mit dem weitreichenden Reflexbogen und den anspruchslosen und gutmütigen Ponypferden, Nordasien, Ost- und Mitteleuropa. Hunnen hatten schon die Vandalen begleitet und Ostrom Söldner gestellt. Mit ihnen waren anfangs die Burgunder verbündet, der nachfolgende hunnische Eroberungsangriff wurde aber abgewehrt. Hunnische Volksteile stellten die Masse der Bevölkerung in Ungarn, Finnland, Estland, Bulgarien, Gebieten Südrusslands, der Türkei und Persien. Nach Attilas Tod 454 n. Chr. nannte sich diese große hunnische Volksmasse Polowzer, Tschiptschak und Kumanen.

Aus den hunnischen Volksmassen gingen verschiedene Völker hervor:
Ab 550 n. Chr. herrschten die Awaren in Osteuropa.
Gegen 700 n. Chr. übernahmen die Chasaren, auch Katziri genannt, die Herrschaft. Um 800 n. Chr. verordnete ihr Chan seiner Bevölkerung den jüdischen Glauben als Volksreligion. Diese Aschkenasen, Ostjuden, traten in Kontakt mit den semitischen, ursprünglichen Juden, den Sepharden. Das Judentum erhielt sich mit einem großen Bevölkerungsanteil in Galizien, dem Raum um Lemberg. Um 850 n. Chr. aber wurden Kyrill und Methodius in das Land geholt mit dem Auftrag, die verschiedenen Völker, meist Slaven, ostkirchlich zu missionieren. Sie waren sehr erfolgreich, vor allem auch weil sie die Bibel in die Landessprachen übersetzten.
Im 9. Jahrhundert n. Chr. hatten somit schon die meisten Völker in Europa und im Vorderen Orient mosaische Religionen erhalten.
Noch vor 900 n. Chr. kamen die Petschenegen an die Macht, welche die Ungarn nach Westen vertrieben.
Im 11. Jahrhundert n. Chr. eroberten von Baktrien aus die *Seldschuken* Anatolien, Syrien, Mesopotamien und Persien. Ihr Reich wurde ab 1200 n. Chr. von den Mongolen überrannt, jedoch konnten sich davon in Nordwestanatolien die Osmanen behaupten und schließlich das große *Osmanische Reich* bilden, von dem heute noch die Türkei besteht.

Die turksprachigen *Mongolen* eroberten ab 1200 n. Chr. ein riesiges Reich, das sich von ihrer Heimat bis nach Polen, Indien und China erstreckte. Davon blieb nur die heutige Mongolei übrig.

In Mesopotamien bildete sich im 3. Jahrtausend v. Chr. die *sumerische Kultur,* welche die Keilschrift erfand.

Ab Mitte des 3. Jahrtausends v. Chr. expandierten aus Syrien die *Amoriter* nach Norden bis zur heutigen türkischen Grenze und entlang dieser in einem breiten Streifen nach Osten bis zur heutigen persischen Grenze. Sie gründeten viele Städte und vor allem das assyrische Reich. Von Norden drangen dann die indogermanischen *Gutäer* ein und beherrschten Mesopotamien von 2200 bis 2000 v. Chr.

Anschließend eroberten die *Assyrer* Mesopotamien. Ihr Königstitel »Herr aller Länder und Meere« zeigt, dass ein semitisch-hamitisches Großreich geplant war.

Wieder kam von Norden ein indogermanisches Eroberervolk, die *Kassiten*. Ihre Herrschaft dauerte von ca. 1650 bis 1000 v. Chr.

Die *minoischen Kreter* bestanden aus einer phönizischen Oberschicht und griechischen und pelasgischen Untertanen. In Kreta zeigen die Kamares-Ornamente die Hochkulturstufe an, die Palastzeit, 2000 bis 1350 v. Chr. Die Königsinsel war Thera, Santorin. In der Cyrenaika in Libyen, im griechischen Theben, in Athen, in Sizilien und an vielen anderen Orten hatten die minoischen Kreter Tochtersiedlungen gegründet. Die Kreter hatten große Schiffe, Rahsegler mit Steuerruder, konnten Stoffe rot und blau färben und handelten mit Kupfer und Getreide.

Als Libyer/Hyksos besetzten die Minoer um 1750 v. Chr. zusammen mit den Äthiopiern Ägypten. In dieser Zeit der großen Palaststädte war Kreta sehr reich.

Ein fast vernichtender Schicksalsschlag kam um 1650 v. Chr. mit dem Ausbruch und der Implosion des Thera-Vulkans und den nachfolgenden, ein Dreivierteljahr andauernden Sintflut-Regenfällen. Der Name »Sint« weist auf die Landschaft Sind am Indus und die Induskultur hin, deren bekannteste Städte Harappa und Mohenjo-Daro waren. Jene Kultur wurde in dieser Zeit durch schwerste Überschwemmungen zerstört. Diese Katastrophe war bekannt, weil zwischen der Induskultur und Mesopotamien und zwischen Mesopotamien und Kreta Handelsbeziehungen bestanden. Durch die Wirren der Sintflut verloren die Assyrer die Macht in Mesopotamien an das Eroberervolk der Kassiten; in Anatolien wurden die Hethiter eine Großmacht; und im ägäischen Raum breiteten sich die Mykener aus.

Damals fuhr ein kretischer Priesterfürst mit seinen heiligen Tieren – dem Stier, den Schlangen und anderen – auf das Meer hinaus und legte an der syrischen Küste mit seiner »Arche Noah« an. Dieser Name lässt an eine Herkunft aus Archanes denken, der wohl bedeutendsten kretischen Palaststadt. Kreta war durch die Sintflut-Katastrophe sehr geschwächt.

100 Jahre später schüttelte Ägypten die Fremdherrschaft ab, wodurch Kreta seinen ertragreichsten Handel verlor und verarmte. Nur noch 200 Jahre konnten die Minoer die Herrschaft im eigenen Land behaupten.

Die *Mykener* waren körperlich kräftiger als die Kreter, weil sie sich als Viehzüchter vorwiegend mit Fleisch ernährten; die Kreter ernährten sich dagegen pflanzlich und von Fisch. Die Mykener zerstörten Theben und bewirkten einen Umsturz in Athen. Um 1350 v. Chr. eroberte Theseus, mykenischer König von Athen, Kreta. Er raubte das Goldene Vlies, die Chryseia, das größte Heiligtum, einen mit Goldbändern umschlungenen Stab, und tötete den heiligen Stier Minotaurus, um den Kretern die alte Religion und diesen Bezug zum vormaligen Herrscher zu nehmen. Theseus zerstörte alle Palaststädte außer Knossos und vertrieb die minoischen Fürsten. Dieses war wahrscheinlich das Unternehmen der Argonauten, deren Name sich auf Archanes beziehen mag.

Mykener siedelten auch in der Unterstadt von Ilion in der Troas und lebten auch an der Westküste von Anatolien in den Fürstentümern Arzuwatna, wohl um Ephesus und Smyrna, und Miluwatna, um Milet. Auch in Ugarit gab es schon einen sehr großen Bevölkerungsanteil an Mykenern.

Schon Echnaton, um 1350 v. Chr. Pharao in Ägypten, warnte seine Nachbarn, die Hethiter und Ugarit, vor der expansiven Gefährlichkeit der Mykener. Die Mykener verfügten über wendige, größere Ruderboote, die unabhängig waren vom Wind und auch größere Flüsse hinauffahren konnten. Gallionsfigur dieser Boote war ein Pferdekopf, ein Symbol Poseidons. Diesen »Seepferden« vertrauten sie sich an. Die erstarkenden Mykener, die damals das Mittelmeer beherrschten, erinnerten sich an die vormalige Eroberung Ägyptens durch die Kreter. So setzten sie selbst um 1200 v. Chr. zur Eroberung der anatolischen und syrischen Küste und Ägyptens an, zusammen mit vielen Hilfstruppen, im Seevölkersturm.

Das große hethitische Reich und Ugarit, die prächtigste Hafenstadt jener Zeit, gingen damals unter, weil sie mangelhaft gerüstet waren und weil bei den Hethitern durch Behinderung der Getreideeinfuhren aus Ägypten Hungersnot herrschte.

Die Verteidigung Ägyptens aber war über Jahre vorbereitet worden von dem genialen Wesir Joseph, hebräischer Herkunft. Er ließ Kornspeicher errichten und eine geeignete Streitmacht aufbauen, die vornehmlich aus Bogenschützen bestand, und warb fremde Kriegsschiffe an. Durch seine Maßnahmen wurde der mykenische Landangriff bei Gaza aufgehalten. Die mykenischen Volksmassen, die Philister, wurden dauerhaft an der Küste Palästinas angesiedelt, das heute noch ihren Namen trägt. Beim mykenischen Hauptangriff, dem Landeversuch an den Ufern des Nils, wurde die mykenische Seemacht vernichtet und die meisten Mykenerfürsten verbluteten aus Pfeilwunden.

Unterschiedlich lange Zeiten war *Ägypten* immer wieder von Fremdvölkern besetzt, von den Hyksos, Assyrern, Persern, Griechen, Römern, Arabern, Türken und Kolonialmächten. In diesen Zeiten der Fremdherrschaft waren die ägyptischen Grenzen offen für Einwanderungsströme. Zur Zeit der Hyksos waren abrahamitische Stämme, die ursprünglich aus dem Land der Chaldäer kamen, unter den Einwanderern im Osten des Nildeltas. Nach dem Seevölkersturm kam in Ägypten Fremdenhass auf.

Als Joseph lange tot war, d. h. Jahrzehnte später, wandten sich deshalb die *Israeliten* von der göttlichen Herrschaft des nunmehr feindlichen Pharaos ab und dem Gott zu, der alle liebt, die seine Zehn Gebote befolgen. Moses führte sie dann um 1150 v. Chr. aus dem östlichen Nildelta nach Kanaan, verfolgt von zornigen Ägyptern. Die Verfolger schüttelte er ab, indem er östlich des Toten Meeres entlang zog. Die Ägypter aber stürmten blindwütig westlich des Toten Meeres weiter und zerstörten mehrere Städte, bevor sie sich zurückzogen. In Kanaan bildeten die Israeliten dann die Staaten Israel und Juda.

Um 1000 v. Chr. übernahmen nochmals die *Assyrer* die Macht in Mesopotamien. Etwa von der Zeit Moses bis gegen 1000 v. Chr. wanderten die wesentlich dunkelhäutigeren *Aramäer* aus Arabien bis in den Nordosten Mesopotamiens. Ihr semitischer Dialekt wurde zur Amts- und Hochsprache im syrischen und mesopotamischen Raum bis über die Zeitenwende hinaus.
Am Ende des 7. Jahrhunderts v. Chr. übernahmen die nordostarabischen *Chaldäer* als *Neubabylonier* die Herrschaft in Mesopotamien.

Im 9. Jahrhundert v. Chr. wanderten die *Etrusker* aus dem Vorderen Orient aus und siedelten sich an der westlichen Küste von Mittelitalien an. Sie waren Seehändler und bauten viele Städte, sogar im Landesinneren. Ihre Sprache war Indogermanisch, ihre Städtebautechnik syrisch, ihr Schiffbau phönizisch, ihre Religiosität mystisch, fatalistisch, auf den Tod und ein Totengericht ausgerichtet, mit mesopotamischen, griechischen und ägyptischen Elementen.
Die Etrusker stammen also wohl von der Küste Nordsyriens, etwa dem Raum des untergegangenen Ugarit.

Rom wurde zwar von dem Etrusker Tarquinius gegründet, schließlich gingen aber alle italischen Landschaften im Römischen Reich auf, das weiterwuchs zum bis dahin größten Weltreich. Seine Stärke war ein durchorganisierter Staat sowie eine vielseitig ausgebildete herrschende Oberschicht mit praktischer Erfahrung.

Um 800 v. Chr. wurde die phönizische Seehändlerstadt *Karthago* von Auswanderern aus Tyros, den Puniern, gegründet. Sie dehnten ihr Herrschaftsgebiet über das westliche Nordafrika, Spanien und Sizilien aus. Dieses Reich wurde von den Römern durch Kriege seit 264 v. Chr. zurückgedrängt. Es endete mit der Zerstörung Karthagos 146 v. Chr. und der Romanisierung dieser Länder.

In Mesopotamien ging im 6. Jahrhundert v. Chr. die Macht wieder an Indogermanen über, zuerst an die *Perser*. Die Perser übernahmen ihre hohe Kulturstufe von den Elamitern aus dem mesopotamischen Raum, weil unter ihren ersten beiden Herrschern eine Personalunion bestand. Im 4. Jahrhundert v. Chr. eroberten die mazedonischen *Griechen* Alexanders Mesopotamien und nachfolgend schließlich die *Römer*.
Im 7. Jahrhundert n. Chr. einte die mosaische Religion *Islam* Araber, Syrer und Mesopotamier. Der kriegerische Missionsdrang der Araber führte zu einer Masseneinwanderung nach Ägypten, Nordafrika, Spanien und Sizilien. Als Gebietsgewinn blieb nur Nordafrika.
Vor einigen Jahrzehnten entstand in Palästina erneut ein Staat *Israel* durch Zuwanderung von Juden und Expansion.

In Ostasien gingen die Wanderungen von der Expansion der *Han-Chinesen* und ihrer Vorfahren in Zentralchina aus. Periphere Völker kamen dort immer wieder in Bewegung: Indianer wohl aus Südchina; Tibeter, Birmanen, Kambodschaner aus Westchina; Thailänder, Malaien und zuletzt die Vietnamesen aus Südchina. Östlich von China zogen die Japaner in ihr Land und verdrängten die hellhäutigen Ainus.
Die Malaien breiteten sich weit nach Süden aus und vertrieben bis auf geringe Reste die dunkelhäutigen Protomalaien. Tibet wurde in den letzten Jahrzehnten von chinesischen Zuwanderern überfremdet.

Im Westen Indiens breiteten sich zur Zeit der indogermanischen Expansion die *Singhalesen* bis nach Ceylon aus und verdrängten die dunkelhäutigen Drawidas nach Osten. *Zigeuner*clans, heute werden sie Sinti und Roma genannt, sind als Nomaden überall unterwegs, außer in Ostasien und Schwarzafrika. Sie stammen ursprünglich aus Südostpersien und Südwestpakistan und kamen vermutlich schon mit der Induskultur in Kontakt.

Erst ein paar Jahrhunderte ist es her, dass von Europäern **Amerika**, **Australien** und **Sibirien** eingenommen und übervölkert wurden. In Amerika gibt es nun mehrheitlich weiße oder indianische oder – aufgrund der Ansiedlung von Schwarzafrikanern, die sich stärker vermehrten – sogar schwarze Staaten, die europäische Sprachen sprechen und der christlichen Religion angehören. Zurzeit ist auch in Europa und in Australien eine Rassenvermischung im Gange.

Das Wohlergehen der Nachbarn und Nachbarvölker schafft Frieden an den Grenzen. Nur auf deren Verständnis und Hilfe darf man in großer Not hoffen.

Aus den Angelegenheiten ferner Völker muss man sich heraushalten, weil gegenseitiges Verständnis und gegenseitige Liebe gering sind. Dies stellte schon Lü Bu We um 300 v. Chr. in China fest.

Neuere Geschichte

Seit der letzten Eiszeit hat sich die Zahl der Menschen verhundertfacht und mehr. Aus kleinen Gemeinschaften wurden Staaten und Großstaaten mit Menschenmassen. Enorm zugenommen hat auch die Zahl von Zuchttieren sowie menschenbegleitenden Tieren, abgenommen haben Zahl und Vielfalt von Wildtieren. Das alte natürliche Gleichgewicht ist gestört.

Staaten werden durch Zwang, Staatsreligionen und Staatsideologien zusammengehalten. Die eigentliche Aufgabe jeder Regierung ist das Wohlergehen des Volkes.

Die absolutistischen Adelsherrschaften versagten aber:

- Sie verschwendeten das Geld für sich.
- Aus Eifersüchteleien und um sich zu bereichern, zettelten sie verheerende Kriege an, die das Volk schädigten.
- Sie waren unfähig, eine gute Ordnung herzustellen.
- Deswegen wurde der Adel entmachtet und durch die Volksherrschaft, die Demokratie, ersetzt.

Dabei entwickelten sich zwei staatsübergreifende Ideologien: die *kapitalistisch-demokratische Ideologie und die sozialistisch-demokratische Ideologie*.

Die kapitalistisch-demokratische Ideologie

Ziele der kapitalistischen Ideologie sind Freiheit und Wohlstand des Einzelnen.
Um Kapital zu erwerben, wird fleißig gearbeitet und gespart. In der freien Wirtschaft ist Geld die Belohnung von Leistung, schafft Erleichte-

rungen, Lebensgenüsse und Ansehen. Jeder kann sich auch unternehmerisch betätigen, u. a. als Aktionär eines Unternehmens. Man kann aber auch verarmen, nämlich durch Schulden, Arbeitsplatzverlust und Arbeitsunfähigkeit.

In der demokratischen politischen Ordnung bestimmt jeder Volljährige beiderlei Geschlechts mit gleich großer politischer Macht eine politische Partei für die Dauer von wenigen Jahren zur Herrschaft.
Tatsächlich regiert dann die Partei, die primär die Mehrheit der Wählerstimmen gewinnt, oder eine aus verschiedenen Parteien gebildete Gruppe.
Wichtige Kontrollelemente sind Meinungsfreiheit, unabhängige Presse und eine institutionalisierte, moralbasierte Justiz.

Zurzeit ist die Propagierung der kapitalistisch-demokratischen Ideologie mit dem Hegemonialstreben der USA verbunden, die dazu auch ihren maßgeblichen Einfluss auf internationale Organisationen verwenden.
Die Demokratie in den USA ist ein Zweiparteiensystem, das von Plutokraten beherrscht wird, die maßgebliche Teile der Industrie, Rohstoffkonzerne, Banken und die Presse besitzen. Ministerien und Behörden werden nach Zustimmung beider Parteien mit Fachspezialisten besetzt.
Der amerikanische Regierungspräsident ist kein selbstständiger Herrscher, sondern gebunden an historische bis neueste Gesetze, die im Kongress beschlossen wurden und werden. Darüber wachen die Gerichte eifersüchtig. Insofern entspricht seine Tätigkeit der eines Verwalters oder Vorstandes eines Wirtschaftsunternehmens.

Die Geschichte der Kriege der USA

Ab dem 16. Jahrhundert: Landeroberung durch europäische Staaten und anhaltender starker Zustrom von Flüchtlingen und Siedlern; Vertreibung und Vernichtung der Indianer; außerdem Sklavenansiedlung aus Schwarzafrika
1776–1783: Unabhängigkeitskrieg gegen England

1812–1814: erfolgloser Krieg mit England um Kanada
1836: erfolgreicher Aufstand gegen Mexiko in Texas
1845–1848: erfolgreicher Krieg gegen Mexiko zur Eroberung von Kalifornien, Nevada, Utah, Arizona und New Mexico
1861–1865: Bürgerkrieg, danach Abschaffung des Sklavenstatus
1898: Krieg gegen Spanien; Übernahme der Philippinen, Puerto Ricos und zunächst auch Kubas als Kolonien
1914–1918: Parteinahme im Ersten Weltkrieg und bei nachfolgender Umwandlung und Verkleinerung von Deutschland und Österreich
1939–1945: Parteinahme im Zweiten Weltkrieg und bei nachfolgender Verkleinerung und Spaltung von Deutschland und Verkleinerung von Japan
1948–1989: Kalter Krieg und Wettrüsten mit Russland sowie weltweite Bekämpfung des Sozialismus
1950–1953: erfolgreicher Verteidigungskrieg zur Erhaltung Südkoreas
1953–1975: verlorener Verteidigungskrieg in Südvietnam
1989: Nach wirtschaftlicher und rüstungsstrategischer Niederringung Russlands Auflösung der Sowjetunion, der sozialistischen Wirtschaftsgemeinschaft Comecon und des sozialistischen Militärbündnisses Warschauer Pakt. Von Russland werden abgetrennt Weißrussland, Ukraine, die baltischen Staaten, Aserbaidschan, Georgien, Armenien, Kasachstan, Usbekistan, Turkmenistan, Kirgistan und Tadschikistan. Davon lehnen sich aber weiterhin an Russland an: Kasachstan, Usbekistan, Turkmenistan, Kirgistan, Tadschikistan, Weißrussland und anfangs auch die Ukraine. Gewaltsam wird die Regierung in Rumänien gestürzt und die serbische Beherrschung der anderen jugoslawischen Staaten beendet.
Der Kalte Krieg gegen Russland, seine Isolierung und wirtschaftliche Benachteiligung und das Wettrüsten hörten nicht auf. Die USA empfinden sich nun als alleinige Großmacht und wollen die ganze Welt nach ihrem System ordnen und beherrschen.
1991: kriegerischer Sieg über die irakische Armee in Kuwait
2001–2021: verlorener Krieg gegen Afghanistan

2003–2021: Krieg gegen den Irak, der dort in einen Mehrparteien-Bürgerkrieg mündet
2011 bis heute: Sturz der libyschen Regierung und Einmischung im darauffolgenden Bürgerkrieg
2011 bis heute: kriegerische Einmischung im Bürgerkrieg in Syrien
2022 bis heute: logistische Einmischung zugunsten der Ukraine im Krieg mit Russland

Im republikanischen *Rom* bestand – nur die wohlhabende Senatorenoberschicht betreffend – eine Demokratie und mit ihr ein lange und gut funktionierender Staat.
Ein junger, angehender Senator leistete zuerst 3 Jahre Wehrdienst. Dann durchlief er eine Staatsdienerlaufbahn, die ihn in die verschiedensten Ämter einsetzte, bevor er schließlich Senator wurde.
Der Staat wurde also nur von gut und vielseitig ausgebildeten, bewährten Männern gelenkt. Rom ging erst unter, als es dem maßlosen Imperialismus verfiel und die ganze Welt beherrschen wollte.

Die sozialistisch-demokratische Ideologie: der Kommunismus

In vielen Ländern besteht politische Betätigungsmöglichkeit für Sozialisten.
In Europa und einigen weiteren Ländern herrscht ein Proporz zwischen Sozialisten und Kapitalisten. Konsequent treiben die Sozialisten überall den von ihnen gewünschten Umbau der Gesellschaft voran.
Alles soll der Gemeinschaft gehören und jeder soll gleich viel haben, auch gleiche Entwicklungschancen und eine einheitliche Versorgung. Privateigentum soll es nicht geben, auch keine Selbstständigkeit und auch keine Kritik, weil diese die strenge Ordnung stören.

Armut, Missachtung und geringe soziale Aufstiegschancen machen viele zu Kommunisten, aber auch Neid auf Reiche. Aversion besteht auch gegenüber Intellektuellen, weil diese sich durch eigene Ideen Vorteile verschaffen können oder Änderungen wollen, die wieder zu Benachteiligungen führen könnten. Zu allen Zeiten mussten sich die Intellektuellen oft in ihren Kreisen verstecken oder auf Prophezeiungen und Eingebungen berufen, weil sie nur von wenigen verstanden wurden.

Viele Kommunisten hoffen auf das Chaos als notwendiges Vorstadium der sozialistischen Weltrevolution und Machtübernahme.
Die Sozialisten fördern die Entwurzelung und Vereinsamung des Einzelnen. Sie wissen, dass in diese Richtung begünstigend wirken: Verarmung, Atheismus, Massenarbeitslosigkeit und die Durchmischung mit zahllosen verschiedensten entwurzelten Fremden. Es soll eine überwältigend große proletarische Masse entstehen. Die schleichende Umwandlung des Staates erfolgt, wie schon oft in der Geschichte, durch Umerziehung, die Einschleusung von Gesinnungsgenossen in verantwortliche Stellungen und Verstaatlichung von Vermögen.
Aktiv wird von ihnen auch betrieben die Auflösung der bestehenden hierarchischen Ordnung. Nationales und Traditionelles werden bekämpft zugunsten der sozialistischen Internationalisierung. Jeder soll ohne solche Rücksichten seinen eigenen Weg gehen.
Auch die hierarchische Ordnung der Familie und ihre individuelle Vielfalt werden beseitigt. Die Familie wird aufgelöst durch antiautoritäre Erziehung, die Berufstätigkeit der Mutter, die auswärtige Unterbringung der Kinder in Ganztageskindergärten und Ganztagesschulen, in denen unter staatlicher Überwachung eine einheitliche Erziehung erfolgt.
Die Kranken der Familie werden möglichst in Kliniken weggebracht, ihre Altersschwachen in Pflegeheime, Sterbende in Hospize. Auch den Hausarzt als vertrauten Ratgeber der Familie und des Einzelnen soll es nicht mehr geben, stattdessen Ambulanzzentren mit wechselnden behandelnden Ärzten ohne persönliche Zuständigkeit.

Der sozialistische Staat wird von Fachkommissionen gelenkt, denen unbedingt zu gehorchen ist, im Sinne einer strengen Kommandostruktur. Die Wirtschaft ist eine sich aus politischen Entscheidungen ergebende Plan- und Zuteilungswirtschaft.

Das Volk wählt aus den Mitgliedern der sozialistischen Partei, der einzigen Partei, Delegierte und diese den Regenten des Staates. Oberstes Ziel der Sozialisten ist die Erreichung, Erhaltung und Verbreitung der sozialistischen Ordnung. Der sozialistische Staat ist totalitär, die Diktatur des Proletariats.

Die sozialistische Ideologie entstand zur Zeit der großen Revolutionen des 18. Jahrhunderts, des Unabhängigkeitskrieges der USA 1776 und der Französischen Revolution 1789. Gegen Ende des Ersten Weltkrieges gewann in Russland der Sozialismus als Kommunismus die Herrschaft. Im Gefolge des russischen Sieges im Zweiten Weltkrieg gelangten in den kommunistischen Machtbereich: Osteuropa, der Balkan außer Griechenland und der Türkei, China, Nordkorea, Burma, Laos und Kambodscha. Später kamen noch Kuba und durch militärischen Sieg Vietnam dazu.

Für Staaten, in denen die arme, hoffnungslose Masse wenigen sehr reichen Familien gegenübersteht, erscheint eine sozialistische Revolution unausweichlich, mit der Folge der Enteignung allen Kapitals und Besitzes zugunsten des Staates. Enteignet werden auch alle Banken und Versicherungen, einschließlich Krankenversicherung, Grundbesitz, Produktionsstätten und Betriebe.

Staatliche Verwalter und Angestellte haben aber nicht so viel lebhaftes Interesse an Neuerungen und Rentabilität wie selbstständige Unternehmer und Eigentümer. Deswegen verarmt dann alles.

Meinungsdiktat, Atheismus, Trennung der Familienmitglieder und die Enteignung sind widernatürlich. Ebenso ist die klassenlose Gesellschaft, die Gleichberechtigung aller ohne Rangunterschiede und die totale Mitbestimmung eine nicht realisierbare und nicht funktionierende Illusion, weil die einzelnen Menschen nicht gleich gescheit und tüchtig sind und nicht alle guten Willens.

Kapitalistisch-demokratische Ideologie und sozialistisch-demokratische Ideologie sind Varianten der abendländischen Kultur, expansiv und missionarisch. Beide Ideologien sind materialistisch und atheistisch, weil nicht der Seelenfrieden des Einzelnen im Mittelpunkt steht.

Liberales Denken ist zurzeit in den meisten Ländern nur eine geringe politische Kraft. Es strebt nach maximaler Freiheit und Stärkung des Einzelnen, freier Entscheidung, Toleranz der Vielfältigkeit, Freizügigkeit, Freiheit der Partnerwahl, Freiheit der Berufswahl, Glaubensfreiheit, Redefreiheit, Pressefreiheit, Freiheit von Forschung und Lehre, Versammlungsfreiheit, Freiheit der Parteien- und Vereinsgründung und Freiheit, als Kandidat aufzutreten, freiem Handel unter fairen Bedingungen und möglichst wenig Eingriffen der Staatsgewalt. In einer offenen Gesellschaft sollen Standeszugehörigkeit, Rassenzugehörigkeit und Landesgrenzen keine Schranken sein.
Immer gibt es einige Menschen, die kosmopolitisch denken und ein allgemeines Verantwortungsbewusstsein haben.

Es entwickelten sich auch staatsübergreifende kirchliche und andere Gemeinschaften, in vielen Staaten tätige Handelshäuser, Banken, Versicherungs-, Rohstoff- und Industriekonzerne.

So wie die Moden wechseln, so werden auch in der Demokratie immer wieder anders orientierte Parteien gewählt und verschiedene, oft unbeständige Regierungskoalitionen gebildet. Die Politik ist also nicht stetig, sondern wechselhaft.
Das Volk neigt zu Schwärmereien. Es ist anfällig, den mitreißenden Ideen von Demagogen zu folgen. Es glaubt auch leicht Politikern, die unbesonnen große Versprechungen machen, die sich dann als kaum durchführbar und nicht solide finanzierbar erweisen.
So sind die Hauptgefahren der Demokratie: die Anpassung der Regierenden an den groben Geschmack der umworbenen Wählermassen, was zu Verfall von Moral und Kultur und zu Verrohung führt, außerdem durch Geldverschwendung zu Inflation und Verarmung.
Die Demokratie kann also nur eine gute Staatsform sein, wenn die Kandidaten für politische Führungsämter sorgfältig ausgewählt werden.

In einigen Ländern gibt es noch Monarchien und Adelsherrschaft, in anderen wiederum gibt es noch Diktaturen. In Abwehr westlicher Verkommenheit, Einmischung und Bevormundung besinnen sich islamische Staaten auf ihre religiöse Ordnung und ihre überlieferten Gesetze, die Scharia. In Indien besteht eine Mischung aus kapitalistisch-demokratischer Ordnung und althergebrachten, spezifisch indischen traditionellen Verhältnissen.

Berufe

Weil nicht nur bei den Politikern, sondern allgemein Ernsthaftigkeit, Verantwortungsbewusstsein und Würde bei der Berufsausübung schwinden, seien beispielhaft einige Berufe erläutert:

Herrscher: Vernünftig ist, dass der Beste bestimmt, der Zweitbeste sein Stellvertreter ist. Wenn sich jeder einen Ersatzmann heranzieht, ist niemand unersetzlich und man kann sich auf die Beständigkeit der Ordnung verlassen.

Zu einem echten König kann nur heranwachsen, wer das Herz eines Königs hat, das sagen auch Buddha und Konfuzius, beide Königssöhne. Der Herrscher muss die Seelengröße und Kraft für diese absolute Spitzenfunktion besitzen und in Einsamkeit die größte Verantwortung tragen. Wie ein guter Vater kümmert er sich weit vorausschauend um alle. Er muss auch seinem Stellvertreter, seinen Mitarbeitern und seinem Volk eine klare Ordnung geben, eine Richtung, einen Sinn allen Handelns. Andernfalls zerfällt der Staat und breiten sich Unordnung und Anarchie aus. Viele eignen sich zum Ratgeber, aber nur wenige zum Herrscher.

Richter: Seine Entscheidung soll gerecht sein und eine gute Ordnung bewirken. Gesetze schaffen notwendige Disziplinierung durch Zwang. Sie engen die Freiheit ein. Zu viele Gesetze, unverständliche Gesetze und gegen die Moral verstoßende Gesetze machen rebellisch.

Arzt: Ein aufrichtiger Arzt untersucht, lindert und heilt nach bestem Wissen und Gewissen im Auftrag des Kranken. Er rät und tut nur das Wichtige, belügt den Kranken nicht und belastet ihn nicht unnötig. Er schützt das Leben, auch durch Verschwiegenheit. Mancher erfahrene Arzt kann auch in Gesundheits- und Lebensfragen beraten, wenn er danach gefragt wird.

Händler: Ein redlicher Händler sammelt gute Waren und übergibt sie zum reellen Preis einem geeigneten Käufer.

Unternehmer: Ein gesundes Unternehmen entwickelt seine Produkte zügig und stellt sie baldigst her. Die Produkte sollen nützlich, haltbar und gut zu reparieren sein. Der weitere Erfolg besteht darin, dass die Produkte besser und billiger werden. Der Preis soll nicht zu hoch, aber gut auskömmlich sein. Die Arbeitsbedingungen dürfen nicht unzumutbar sein. Durch intensiven Geschäftsbetrieb und die Auswahl geeigneter Mitarbeiter werden die Arbeitsplätze gesichert und möglichst regelmäßig Erträge erzielt, die auch für die Gemeinden und den Staat wichtig sind. Der Arbeitnehmer soll gut auskömmlich entlohnt werden. Er soll auch fortgebildet werden und darf Ideen und Kritik vorbringen und soll im friedlichen Miteinander arbeiten. Eine gute Arbeitsstelle ist nicht nur die Hälfte des eigenen Lebens, sondern auch ein guter Teil der Heimat.

Künstler: Das Beispiel der *Musik:* Jahrtausendealt sind die Ausdrucksformen von Musik und Tanz. Die Musik gründet auf natürlichen Tönen, wie die Vogelstimmen. Mit Klängen und Rhythmus drückt sie Sprechen und Geräusche aus und betont die Stimmung. Sprache in kurzen Sätzen, wie in Schreien und Rufen, kann gesungen werden, weil zu den Wörtern natürliche Töne passen. So entstehen Lieder und Schlager. Zum Rhythmus gehört der Tanz. Er kann ekstatisch, akrobatisch, animierend, demonstrierend, ein feierliches Schreiten, ein Reigentanz oder ein Paartanz sein, in Prozessionen und Paraden wird die Personenzahl demonstriert.

In Reigentänzen sehen sich die Leute – wichtig für die Jugend, tröstlich für das Alter. Der Paartanz zeigt das Maß der Sympathie füreinander. Musik, wie jede Kunst, ist zeitlos und bleibt für jedermann verständlich, wenn sie sich nicht von der Natürlichkeit entfernt.

Priester: Wenig Wichtiges ist zu berichten von den Kelten mit ihrer Sucht nach Ehre und Ruhm, bedingungsloser Treue, Angst vor Schande, Habgier, Verwegenheit, ungezügeltem Hass, Rachsucht, Grausamkeit, Todesverachtung und Aberglauben. Aber die Priester ihrer Zeit, bei ihnen waren es die gelehrten, allwissenden und höchst angesehenen Druiden, verdienen Erwähnung.

Diese Priester standen in der Tradition der megalithzeitlichen Organisatorenfürsten und stammten meist aus dem Adel. Die zweite Wurzel ihrer Gelehrsamkeit waren die großen Tempel ihrer Zeit. In diesen wurde geschrieben, archiviert, geschichtliche Auskunft erteilt, Recht gesprochen, Rat gegeben, medizinisch behandelt, Sprachen übersetzt, gelehrt, Uhr- und Jahreszeit bestimmt, ständig Feuer unterhalten und oft gab es dort auch reines Wasser. Diese Tempel waren heilig, umfriedet, bewacht und dienten auch als Schutz-, Aufbewahrungs-, Vorrats- und Versammlungshäuser. Solche Priester konnten oft die Wahrheit herausfinden, ehrlich beraten und das Richtige sagen.

Der Priester soll immer das Gewissen wecken. Die traditionellen Zeremonien dagegen sind zu ehren, sie sind aber nicht das Wichtigste.

Eine Religion, die Moral und Gewissenhaftigkeit fördert und für den Seelenfrieden sorgt, macht ein Volk diszipliniert, leistungs- und leidensfähig, erhält Zivilisation, Ordnung und Kultur und schützt vor deren Zerfall und dem Rückfall in die Barbarei. Religion und Priesterschaft sind also von der Herrschaft, dem Staat, zu beschützen. Bestehen widersprüchliche Religionen nebeneinander, wird das Volk nicht geleitet, sondern verwirrt.

Im christlichen Raum und anderswo kam es zu der Entwicklung, dass die Kirche sogar die Herrschaft für sich beanspruchte und die Verbindlichkeit ihrer Dogmen und politischen Weisungen forderte.

Die Kirche war auch oft Teil des Herrschaftssystems oder stand im Dienst der Regierenden. Entsprechend wurde sie bei Revolutionen dann zusammen mit den Herrschenden bekämpft.

Lehrer: Kinder wollen und sollen arbeiten lernen und mitarbeiten. Es muss aber Zeit zum Leben an jedem Tag übrigbleiben, nicht nur am wöchentlichen Ruhetag, in den Ferien und im Urlaub, wenn es diese überhaupt gibt. Man arbeitet, um zu leben, nicht umgekehrt.

Das Kind befindet sich den größten Teil seiner Jugendzeit außerhalb der schützenden, wohlwollenden Gemeinschaft der Familie, wenn es in der Zwangsgemeinschaft der Schule verweilt. Dort wird es vom Lehrer beobachtet, bewacht, behütet, unterrichtet und erzogen. Jedes Kind soll dort Grundwissen und grundlegende Fertigkeiten erwerben, möglichst viel lernen und erklärt bekommen. Erzieherisch sind wichtig: Wahrhaftigkeit, Moral, verantwortliches Handeln, auch das Sich Einordnen und Sich Behaupten in einer Gemeinschaft.
Die der Arbeit ähnliche Schulzeit darf für Kinder und Jugendliche nicht quälend und ungesund sein.
Die Leistungen der Schüler muss der Lehrer gerecht beurteilen. Bevorzugungen und Benachteiligungen, z. B. nach Rasse, Geschlecht, Sympathie, Religion, Ideologie oder Ansehen der Eltern, darf es nicht geben, weil alle Talente erfasst werden sollen und der soziale Frieden gewahrt werden muss.

Für die meisten Schüler ist nach der Grundschule der direkte Ausbildungsweg zum Beruf und die bedarfsentsprechende Weiterbildung richtig. Kindern, die besonders begabt sind, praktisch, intellektuell oder charakterlich, sollen entsprechende Fortbildungs- und Berufschancen eröffnet werden. Zunächst sollten sie an naturwissenschaftlich-technischen oder humanistisch-philosophischen Gymnasien vor allem lernen, selbstständig zu untersuchen, zu forschen und zu urteilen.

Guter Lehrstoff und guter Unterricht machen die Schulstunden interessant.

Der Heranwachsende darf nicht zu sehr mit Lernstoff belastet werden, damit er nicht des Lernens überdrüssig wird. Die Schule kann kein Studium generale vermitteln, sollte aber aufzeigen, was der Gegenstand der verschiedenen Fachrichtungen ist, damit der Schüler den Berufszweig findet, der seinen Neigungen entspricht. Auch Kenntnisse der verschiedenen Lebensbereiche und Vorstellungen von den Lebensabschnitten sind wichtig, um das eigene Leben möglichst besonnen gestalten zu können.

Der Unterrichtsstoff wird von staatlichen Schulkommissionen festgesetzt, unterliegt also dem politischen Wandel.

Nur ordinierte Universitätsprofessoren haben die Freiheit, zu erforschen und zu lehren, was sie für richtig halten. Sie sind lebenslänglich angestellt und können allenfalls lediglich in den vorzeitigen Ruhestand versetzt werden.

Die Universitäten haben aber auch eine Berufsausbildungsfunktion, für die staatliche Kommissionen die Ausbildungspläne festsetzen.

Weil Lehrer von den Schülern ständig beobachtet werden, müssen sie auf ihr Aussehen und Auftreten, ihr Ansehen und ihre Würde achten.

Die kindliche Gefügigkeit endet mit dem Erwachsenwerden. Dann beginnt auch die Suche nach einem Lebenspartner und die eigene Familiengründung.

Berufsleben, Verdienst und Rente

Berufsausbildung, Berufseinarbeitung und Berufstätigkeit sollten von einem auskömmlichen, zunehmenden Verdienst begleitet sein, sodass auch schon der junge Mann seine Familie ernähren kann, auch wenn die junge Mutter Hausfrau ist und mehrere Kinder aufgezogen werden. Führt eine Ausbildung erst spät zu einem Einkommen, das Heiraten ermöglicht, sind die Instinkte, die junge Erwachsene noch haben, schon verkümmert und es entwickelt sich kaum noch natürlich lebende

Familien. Die Berufsarbeit darf keinen zu großen Teil des täglichen Lebens einnehmen, damit Zeit und Kraft für die Familie und das eigene Leben übrigbleiben.

So wie Begabungen, Leistungsfähigkeit und Lebensführung verschieden sind, so sind auch die Alterung und das Interesse am Einkommen unterschiedlich. Natürlich wäre demnach, Altersruhe Begehrenden auf Wunsch die Rente entsprechend den bis dahin erworbenen Ansprüchen, d. h. den zwangsweise angesparten Beträgen, zu zahlen. Auch Personen, die arbeitslos geworden sind, sollten die bis dahin ersparte Rente erhalten, weil sie ihnen gehört. Mit einer Mindestrente werden die Betroffenen nur dann zufrieden sein, wenn die Erziehung zu Sparsamkeit und Genügsamkeit führt. Alle Renten müssen für ein bescheidenes Leben ausreichen. Landesfremden sollte bei Verlassen des Landes die bis dahin erworbene Altersrücklagen-Ersparnis ausbezahlt werden.

Zu große Einkommensunterschiede stören ebenso wie zu geringe Löhne und Einkommen den sozialen Zusammenhalt. Arbeitslosigkeit, die nicht durch Unzuverlässigkeit und Streitereien selbst verschuldet ist, sondern durch Profitgier und Misswirtschaft der Unternehmer, wirkt entfremdend gegenüber den Kapitalbesitzern und gegenüber dem aufsichtführenden Staat, der dafür zu sorgen hat, dass alle Arbeitswilligen Arbeit haben.

Vereinsamung, Vermassung, totalitärer Staat

Mit Erschließung der Fähigkeiten der Frauen für die Berufswelt wurden dann natürliche Grenzen überschritten, denn sehr viele Frauen werden zu alt und kommen nicht mehr dazu, eine Familie zu gründen, und oft ist dann die fruchtbare Zeit schon vorbei. Berufstätige Frauen müssen die Versorgung, Beaufsichtigung und Erziehung ihrer Kinder tagsüber anderen überlassen. Empfängnisverhütung und Schwangerschaftsabbrüche stören ebenfalls die Familienbildung. Die Familien sind meistens klein. Die Frauen werden nicht mehr zu Häuslichkeit und Keuschheit erzogen und können den Männern kaum noch Halt geben. Viele Familien lösen sich auf oder bilden sich unvollständig. Es ist auch selten geworden, dass die verschiedenen Generationen noch beisammen wohnen.

Auch häufiger Arbeitsplatz- und Ortswechsel wirkt entwurzelnd, isolierend, geradezu nomadisierend. Das Leben vieler zerfällt in Stücke und Abschnitte.

Der Mangel an dauerhaften, stützenden Beziehungen schwächt das Individuum. Der Vereinsamte wagt dann keine Kritik, passt sich an, wird autoritätsgläubig und staatshörig. Ihm fehlt die soziale Kontrolle, das sind Kritik, Rat und Ermutigung durch den Lebenspartner, Verwandte, Freunde und Ältere. So sucht er Schutz und Versorgung beim Staat. Er vergisst sein natürliches Streben nach Selbstständigkeit und Freiheit sowie einer Lebensgestaltung nach eigenem Geschmack und eigenen Interessen. Deshalb wird der Einsame zum Massenmenschen, zum Mitläufer, entsprechend einem Tier in einer großen Herde. Einsame Menschen sind auch die vielen Alten, Unverheirateten und kinderlosen Verwitweten.

Vermassung und Gleichmacherei fördern Planwirtschaft und Zuteilungswirtschaft. Im materialistisch orientierten Staat sind Alte und Behinderte unnütz. Der totalitäre Staat hemmt seinerseits die individuelle Freiheit und Kreativität, weil er Toleranz durch Normierung und Nivellierung ersetzt und Gewissensentscheidungen durch gesetzliche Regelungen und Meinungsfreiheit durch einseitige Propaganda. Die persönliche Gestaltungmöglichkeit in der Berufsausübung wird ersetzt durch das automatismusartige Vorgehen von Dienstleistungsgruppen nach Dienstvorschriften, was eine schwere Einschränkung der individuellen Freiheit und Entfaltungsmöglichkeit bedeutet. Der totalitäre Staat ist die Versklavung aller. Ordnung und Steuerung sind die Aufgaben des Staates, nicht aber Bevormundung.

Machtfülle ermöglicht große Veränderungen, birgt aber auch die Versuchung, mit allem zu experimentieren, sogar mit Menschen. Wesentliche große Veränderungen bewirken nur einzelne kluge, mächtige, entschlossene Persönlichkeiten, niemals aber diskutierende Gruppen.

Aktien als Beispiel der freien Wirtschaft

In der freien Wirtschaft kann sich jedermann durch den Erwerb von Aktien aktiv am Wirtschaftsleben beteiligen. Durch Aktien gewinnt man Einblick in Wirtschaftszweige und Interesse am Wirtschaftsgeschehen. Der ursprüngliche Wert einer Aktie ist ein bestimmter Geldeinlagebetrag bei der Gründung einer Gesellschaft. Die Gesamtheit aller Aktien ist das Grundkapital.
Die Aktionäre sind die Eigentümer der Gesellschaft. Es gibt eine bestimmte Zahl von Aktien. So ist eine einzelne Aktie z. B. ein Millionstel Besitzanteil an einem Unternehmen.
Die Geldanlage in Aktienkapital zum Nennwert sollte mehr Ertrag bringen als die festverzinsliche Einlage, die normalerweise 4 % Zinsen ergibt, weil mit ihr das Unternehmerrisiko verbunden ist. Wenn es die finanzielle Situation des Unternehmens erlaubt, erhalten die Anteilseigner vom Jahresgewinn eine Dividende, insgesamt z. B. 50 %.
Aktien sind werktäglich Montag bis Freitag an den Börsen handelbar. Sie sind einmal mehr, einmal weniger gesucht. Deswegen schwankt der Kurswert. Wegen der Schwankungen kann man sie nicht zu jeder Zeit mit Gewinn verkaufen, sondern oft nur mit Verlust. Beim Aktienerwerb, -halten und -veräußern fallen Gebühren und Steuern an.
Möglich ist ein Totalverlust des eingesetzten Kapitals, wenn nämlich das Unternehmen insolvent wird. Der Aktionär hat dann zwar sein eingesetztes Geld verloren, haftet aber nicht für die Schulden des Unternehmens.
Will man Anteile von kleinen Unternehmen kaufen oder verkaufen, kann es sein, dass an diesem Tag kein oder nur ein geringer Handel stattfindet, z. B. findet sich zum bekannten Vortagskurs kein Käufer oder Verkäufer oder nur ein wesentlich niedrigerer Kaufkurs wird geboten oder ein wesentlich höherer Verkaufskurs. Dagegen kann man sich durch ein Limit absichern, d. h., man verkauft nur zu einem bestimm-

ten Preis bzw. man kauft nur zu einem bestimmten Preis. Dann kann es sein, dass man tagelang warten muss, bis der Kauf oder Verkauf stattfindet, oder der Handel kommt überhaupt nicht zustande.

Aus vielen Ursachen mindert sich der Aktienkurswert, das Käuferinteresse: Die Profitabilität oder die Unternehmensgrundlagen können sich ändern, z. B. Rohstoffkosten oder Personalkosten. Der Staat mag Branchen begünstigen und andere belasten oder sogar enteignen und Produktionen verbieten. Steuern und Abgaben können erhöht werden, Betriebsvorschriften erfunden werden, Handelsbeschränkungen erhoben werden.

Sinken über längere Zeit Umsatz und Gewinn einer Gesellschaft, erfolgt oft ein Kapitalschnitt, z. B. 10:1, d. h., das Kapital wird auf 10 % herabgesetzt, statt 10 Aktien hat man nur noch eine. Dann reicht der geringe Gewinn vielleicht noch, auf die verbleibende eine Aktie eine Dividende auszuschütten, und diese Aktie erscheint im Vergleich mit anderen Aktien wieder unauffällig.

Unternehmen können andererseits in Mode kommen und mit Zukunftserwartungen verbunden werden. Dann steigen die Aktien unvermittelt. Wesentliche Zinssenkungen steigern das Interesse an Dividendenausschüttungen und somit an Aktien allgemein. Dagegen wenden sich die Anleger bei wesentlichen Zinserhöhungen eher den festverzinslichen Anleihen und Sparverträgen zu und verkaufen Aktien, sodass diese sinken. An Krisentagen mit heftigen Kursverlusten wegen erschreckender äußerer Ereignisse oder plötzlicher Missstimmung der Anleger kann der Aktienhandel unterbrochen werden. Dann sind die Aktien vorübergehend unverkäuflich.

Der Unternehmensanteil, die Aktie, wird kleiner, wenn die Gesellschaft das Grundkapital erhöht, z. B. verdoppelt. Dann ist der ursprüngliche Anteil von einem Millionstel nur noch zwei Millionstel. Durch Verkauf neuer Aktien kann sich das Unternehmen neues Geld beschaffen. Es kann auch die Absicht haben, den vorherigen Aktienkurs durch Ausgabe vieler neuer Aktien wesentlich zu senken, um die Aktie für mehr Käufer erschwinglich zu machen. Oder die Gesellschaft stellt neue Aktien für einen interessierten Großanleger bereit.

Bei hohen Überschüssen kaufen Gesellschaften manchmal eigene Aktien zum Börsenkurs und vernichten diese (sog. Aktienrückkauf). Der Besitzanteil des Aktionärs erhöht sich dadurch meistens kaum merklich, z. B. von einem Millionstel auf ein Neunhundertfünfzigtausendstel. Um dem Kapitalschwund, dem Sinken der Aktie, zu entgehen, muss man, wenn man wesentliche Verschlechterungen der Geschäftsbedingungen erkennt, seinen Unternehmensanteil, die Aktie, verkaufen. Das gilt auch, wenn man der Lauterkeit und Fähigkeit der Unternehmensführung nicht mehr traut. In einem Unternehmen seien Besitzer, Leiter, Spezialisten sowie alle Ausführenden und alle Hilfskräfte im Guten Willen friedlich vereint. Ein Unglück ist es, wenn eine Gruppe tyrannisieren will oder aufsässig und obstruktiv wird.

Die Aktienauswahl ist eine verantwortungsvolle persönliche und politische Entscheidung. Man muss auch die Firmenleitung und die Miteigentümer kritisch beobachten. Es kommt vor, dass sogar Firmengelder missbräuchlich verwendet werden, um politische Parteien oder fremde Regierungen zu unterstützen oder zu beeinflussen. Es kann auch Absicht sein, den Aktienkurs hinunterzutreiben, um billiger zukaufen zu können und andere Anleger zu vertreiben. Der Aktienkurs mag auch hochgetrieben werden, um andere Anleger zum Verkauf zu veranlassen, eventuell auch, um andere Anleger am Kauf zu hindern. Große Miteigentümer können ferner bewirken, dass keine Dividenden ausgeschüttet werden und aller Gewinn im Unternehmen verbleibt. Dadurch werden die anderen Aktionäre ausgehungert und vertrieben. Die angestellten Direktoren – die Vorstandmitglieder – handeln manchmal im eigenen oder einem fremden Interesse. Es kommt auch vor, dass Mehrheitsaktionäre wollen, dass die Unternehmensprodukte ohne Gewinn an andere Unternehmen, die ihnen gehören, geliefert werden, damit der Gewinn dort anfällt. Auch in diesem Fall werden die anderen Aktionäre, die am natürlichen Profit interessiert sind, vertrieben. Bisweilen kaufen sich auch größere Aktionäre ein, um an Unternehmensgeheimnisse zu gelangen. Es gibt auch Mehrheitsaktionäre, die alle Werte des Unternehmens verkaufen lassen, um sie als Dividenden zu erhalten, der Untergang des Unternehmens interessiert sie dann nicht. Oft wird die Mehrheit der Aktien, das heißt die Macht über das Unternehmen, gekauft, um das ganze Unternehmen oder Unternehmensteile zu erwerben, Produktionsstätten oder Grundstücke zu übernehmen.

Ein Unternehmen ist kein deutsches mehr, wenn die Aktienmehrheit einzelnen Ausländern gehört. Dasselbe gilt, wenn mehr als die Hälfte des Geschäftes in einem einzigen Land des Auslandes getätigt wird, denn dann ist die Gesellschaft von diesem Land abhängig. Die Hälfte des Kapitals der großen Aktiengesellschaften gehört insgesamt Ausländern, meist ausländischen Kapitalanlagegesellschaften, vor allem aus den USA und aus England. Diese verhalten sich oft so rücksichtslos wie geldgierige Reiche, die nur an der Rendite interessiert sind und nicht auf nationale Interessen achten. Ihr Verhalten führt oft zu größeren Kursschwankungen. Die Reichen selbst sind natürlich untereinander genauso verschieden wie alle Menschen. Es gibt auch Gütige, Geduldige und Verantwortungsbewusste, aber häufig auch Prahlerische, Geldgierige und sogar Geizige. Manche Unternehmerpersönlichkeit ist weitsichtig, klug und mutig, es gibt aber auch verschwenderische, leichtsinnige und zu Spekulationen neigende und solche, die sich nicht in angemessener Weise um ihr Unternehmen kümmern. Firmentreue Anleger sind wichtig für die Stabilität des Aktienkurses und des Unternehmens. Deswegen muss eine Aktiengesellschaft langfristige und stabile Anleger suchen, z. B. Gebietskörperschaften und Gemeinden. Ein guter Aktienkurs mehrt das Ansehen einer Gesellschaft und erleichtert die Kapitalbeschaffung.

Sehr viel ist sorgfältig zu bedenken, wenn man mit einer Auswahl von Aktien sein Kapital erhalten und vermehren will. Entschlusskraft ist nötig, zu verkaufen, wenn erhebliche Gewinne entstanden sind. Entschlusskraft braucht man auch, zu verkaufen, wenn sich ein Unternehmen ungünstig entwickelt. Andererseits muss man auch den Mut haben, zu kaufen, wenn man etwas Günstiges, nicht Übertreutes, findet. Komplexer sind die Verhältnisse, wenn man im Inland ausländische Aktien kauft und erst recht, wenn man im Ausland damit handelt. Die Informationen sind spärlicher und ausländische Banken und Regierungen mögen Kapitalübertragungen zwischen den Ländern erschweren.

Haben Anleger große Beträge gewonnen, wenden sie sich als hauptsächliche Anlage Immobilien zu, d. h. Mietshäusern und Grundstückshandel.

Das Aktienmarktgeschehen befindet sich in einem ständigen Auf und Ab wegen der ständigen Änderung der Umstände. Deshalb sind stetige Aufmerksamkeit und fleißige Informationssuche nötig, um das eingesetzte Kapital zu erhalten, damit es auch nach Abzug von Gebühren und Steuern über lange Zeit eine gute Rendite erbringt. Dies gelingt nur etwa 10 % der Aktienbesitzer. Lediglich 5 % vermehren ihr Kapital erheblich durch kluge und mutige Anlageentscheidungen, die sie natürlich selbst treffen müssen. Aktien lassen sich nur mit anderen Aktien vergleichen, nicht mit anderen Sachwerten, deren Preis durch andere Faktoren bestimmt wird, und erst recht nicht mit inflationsanfälligen Bargeldbeträgen.

Vor der Dividendenausschüttung und ebenso bei Ausgabe von Aktienbezugsrechten bei Kapitalerhöhungen steigt der Aktienkurswert oft übermäßig und der Kursanstieg macht viel mehr aus als die Dividende oder der Bezugsrechtswert. Wesentlicher als die Dividendenerträge sind für die Kapitalvermehrung Kursgewinne, die durch viele Ursachen plötzlich oder allmählich anfallen und dann zu realisieren sind. Aktien können in Mode, Schwärmerei und Spekulation geraten und dadurch unerklärlich hohe Kurswerte erreichen. Beträgt ein Kursgewinn nominal z. B. 30 %, so verbleiben nach Unkosten und Steuern beachtliche 20 %. Andererseits besteht ein substanzieller Gewinn auch darin, wenn man umsteigt auf einen Anteil an einem gleichwertigen Unternehmen, der aus unerfindlichen Gründen 30 % billiger geworden ist. Nervös zu handeln wegen kleinster Gewinne, ist mühevoll und verstellt den großen Überblick.

Aktien, wie Geld allgemein, sind leicht handelbar und geben Handlungsfreiheit, aber nur, wenn sie frei verfügbar sind. Die meisten Geschäfte im Aktienhandel sind sehr klein, kleine Sparbeträge werden in ein paar Stück Aktien angelegt, oder es werden ein paar Stück Aktien verkauft, um Anschaffungen zu bezahlen oder die Rente zu ergänzen.

Höhepunkt des Jahres ist für den Aktionär, den Eigentümer, die jährliche Hauptversammlung seines Unternehmens. Üblicherweise wird ein paar Wochen vorher der Geschäftsbericht über den Verlauf des vergangenen Jahres verteilt. Er enthält die wichtigsten Informationen über die Gesellschaft und die Branche.

In der Hauptversammlung werden die Entwicklungen, Ereignisse und Pläne erläutert und diskutiert. Über die Geschäftsordnung und Gewesenes ist nicht viel zu sprechen, das wäre langweilig. Geschäftschancen, Geschäftsrisiken und bestehende Belastungen interessieren. Wichtig ist auch, was für den Zusammenhalt der Mitarbeiter, einschließlich der Eigentümer, getan wird. Die Redezeit für alle, Firmenvertreter wie Aktionäre, soll begrenzt sein.

Anschließend wird über Entscheidendes abgestimmt und werden die Aufsichtsratsmitglieder gewählt. Die Kandidaten werden vom Aufsichtsrat selbst oder von großen Aktionären vorgeschlagen. Der Aufsichtsrat verkörpert die Eigentümer, die Aktionäre. Jede einzelne Aktie besitzt eine Stimme; also hat ein Kleinaktionär z. B. 5 Stimmen, ein Großaktionär z. B. 800.000. Die Aufsichtsräte sollen im Unternehmensinteresse vernünftig entscheiden. Sie müssen das Unternehmen beherrschen, auch den geschäftsführenden Vorstand, die aktive Firmenleitung. Sachverstand und Zuverlässigkeit sind notwendig. Manchmal finden sich im Aufsichtsrat auch Betriebsfremde, die ursprünglich keine Eigentümer sind.

Die Teilnahme an der Hauptversammlung ist für den Aktionär nützlich, um sich eine Meinung zu bilden, ob der Zustand der Gesellschaft gut oder schlecht ist. Am Folgetag wird die Jahresdividende ausgezahlt.

Neuerdings sind manche Gesellschaften bestrebt, diese Präsenzversammlungen abzuschaffen. Stattdessen wollen sie, dass sich nur Aufsichtsrat und Vorstand versammeln. Den Aktionären bleibt, den Geschäftsbericht im Internet einzusehen und den Verlauf der Ersatzversammlung dort zu verfolgen. Sie können spontan keine Fragen mehr stellen und nur noch elektronisch abstimmen. Solche Neuerungen schaffen kein Vertrauen, sondern wirken entfremdend.

Keine richtigen Aktien sind die »Aktien« von Kommanditgesellschaften auf Aktien und Vorzugsaktien, die Obligationen mit variablem Zinssatz entsprechen. Da sie kein Stimmrecht besitzen, kann der Inhaber das Unternehmensgeschehen nicht mitentscheiden.

Seit dem Zweiten Weltkrieg bestimmen die USA das Währungsgeschehen. 1968 wurde die Golddeckung des Dollars aufgehoben und seine Konvertibilität zu festen Devisenkursen. Seither besteht die schleichende Inflation in allen großen westlichen Ländern. Von 1995 an wurden die Zinsen gesenkt, schließlich bis auf null. Erst seit 2022 steigen sie langsam wieder. Durch die inflationäre Geldschwemme werden die Preise der Sachwerte – das sind Aktien, Gold und Immobilien – in schwindelerregende Höhen hinaufgetrieben. Bei einer folgenden Währungsreform sind dann aber wenigstens die reinen Sachwerte noch da, bei Aktien die Unternehmensanteile. Der Staat oder, nach einem Krieg, feindliche Siegermächte können aber enteignend eingreifen.

Weniger als 20 % der Sparer legen ihr Geld, zumindest teilweise, in Aktien an. Schon vor 1960 wurden die ersten Fonds gegründet und propagiert, die Geld einsammeln gegen Fondsanteile. Diese Fonds kaufen Anleihen oder Aktien, oder beides, jeweils von vielen Gesellschaften und üben Stimmrechte aus anstelle der Anteilseigner. Die Fonds nehmen den Anlegern die Mühe des Auswählens ab und verteilen das Anlagerisiko auf viele Gesellschaften. Weil Fonds eine Mischung darstellen, können sie nur ein durchschnittliches Ergebnis erzielen. Einzelne Aktien und Anleihen erreichen bessere Resultate. Es kamen Fonds hinzu, die international oder in einzelnen Ländern oder nur in einzelnen Branchen anlegen. Neuerdings gibt es auch spekulative Fonds, die selbst Schulden machen und heute schon handeln mit Papieren, die sie noch nicht besitzen, und in Zukunft verfügbaren Waren und Devisen. Einzelne handeln sogar mit ungedeckten Kunstwährungen. All diese Erfindungen dienen dazu, Gelder zu mobilisieren und die Börsen zu stützen. Heute dominieren internationale Fonds, die das meiste Geld in den USA anlegen. Ihre Börsen sind für die USA sehr wichtig, weil dort die Sparer bis zu 50 % ihres Geldes in Aktien sparen und Versicherungen und Rentenkassen ihre Rücklagen hauptsächlich an den Börsen anlegen. Die Entwicklung der letzten Jahrzehnte bestärkt die Amerikaner in ihrem Glauben, dass die Börsenkurse immer weiter steigen.

In Deutschland gibt es jetzt weit weniger als die halbe Zahl an Kleinaktionären, die selbstständig handeln, als noch um 1970 und früher. Auch Kapitalerhöhungen, die einst Leben in die Aktienmärkte brachten, finden seit Beginn der schleichenden Inflation und erst recht seit Annullierung der Zinsen nur noch selten statt. Die Gesellschaften können sich nämlich leicht billige Gelder am Anleihemarkt beschaffen, in den letzten Jahren sogar am Schuldscheinmarkt. Seit 1966 gab es einige Jahre viele Fusionen von Gesellschaften. Seit 1990 wurden viele Gesellschaften neu gegründet und in den letzten 20 Jahren entstanden einige neue Gesellschaften durch Ausgliederungen.

Indem vielfach fast die Hälfte der sehr hohen Bezüge der leitenden Angestellten in neuen eigenen Aktien bezahlt wird, erfolgt eine schleichende Vermehrung der Aktienzahl unter Ausschluss des Bezugsrechtes der bisherigen Eigentümer. Neue Aktien werden auch wie Geld als Zahlungsmittel ausgegeben gegen Sach- und Geldeinlagen. Bei solchen Geschäften fühlen sich die bisherigen Aktionäre übergangen und missachtet. Der Aktienbesitz wird verwässert und verliert allgemein an Ansehen und Beliebtheit.

Wegen ihrer Bedeutung für die internationale Finanzwelt würde ein Kollaps der amerikanischen Börsen die Welt grundlegend verändern.

Gegenwart

In Übersteigerung des Nationalismus entwickelte sich der Imperialismus. Das imperialistische Denken, das die anderen Staaten zurückdrängen, bevormunden oder zerstören will, endete in den USA und England mit dem Ersten Weltkrieg nicht.
Nach 1918 breiteten sich in den USA Vergnügungs- und Verschwendungssucht, Geldgier und Finanzspekulationen aus. Freier Handel führte zur Überschwemmung mit billigen Importwaren und dadurch zum Niedergang der heimischen Industrie.
Der abrupte Ausschluss der maßgeblichen Japaner vom großen amerikanischen Markt machte sie zu Feinden. Auch die Deutschen blieben wegen Enteignungen und Handelsbeschränkungen Feinde. So kam es zum Zweiten Weltkrieg. Die Imperialisten nutzten ihn, um Deutschland möglichst zu zerstören.

1945 reichten die Verträge unter den Feinden Deutschlands nur bis zur militärischen Gebietsbesetzung. Wo die Armeen der westlichen Mächte und Russlands aufeinandertrafen, entstand der »Eiserne Vorhang«, der Osten und Westen trennte. Die westlichen Staaten, auch Japan, Südkorea und Taiwan, gerieten in wirtschaftliche, technische und finanzielle Abhängigkeit von den USA, die östlichen wurden von Russland organisiert. Russland führte den Kommunismus in der von ihm besetzten Osthälfte Europas ein und bewirkte in China, Nordkorea, Burma, Laos, Nordvietnam, Kambodscha und Kuba die Errichtung kommunistischer, totalitärer Staaten und arbeitete mit ihnen zusammen.

Am Eisernen Vorhang standen sich feindlich gegenüber: die kapitalistische westliche Welt und die sozialistische östliche. Die russisch dominierten europäischen Oststaaten waren wirtschaftlich in der Comecon-Organisation zusammengefasst, militärisch im Warschauer Pakt. Die westeuropäischen amerikanisch dominierten Länder bildeten schließlich eine europäische Wirtschaftsunion und wurden militärisch mit den USA zur NATO zusammengefasst.

Als Weltkriegsergebnis hatte der Westen zwar Westdeutschland erobert, aber Polen, die Tschechoslowakei, Ungarn, Rumänien, Bulgarien und Jugoslawien als Handelsraum an Russland verloren. Das hatten die Westmächte nicht vorhergesehen.

Die USA führten seit 1945 viele Kriege gegen anders orientierte Staaten mit wechselndem Erfolg. Nach dem Vietnamkrieg breiteten sich in den USA Drogen aus. Gleichzeitig förderten Empfängnisverhütungsmittel, Abtreibungsmittel und die Akzeptanz von Abtreibungen den Sittenverfall.

Durch enorme eigene Geldmittel und starken Zufluss fremden Geldes aufgrund hoher Zinsversprechungen konnten die USA im sogenannten Rüstungswettlauf gegen Russland einen sehr großen Vorsprung gewinnen. Dazu gehörten auch die feine Erdüberwachung durch Satellitenbilder und die allgemeine, schnelle und umfangreiche Datenübermittlung durch das Internet. So konnten sie Russland 1989 die erdrückende Überlegenheit beweisen und dessen Rückzug aus Osteuropa und die Aufgabe weiter Gebiete erzwingen.

Seit der Auflösung des Ostblocks trat eine Entspannung ein und es entwickelte sich ein sehr lebhafter Welthandel in alle Richtungen. Der europäische Handelsraum vergrößerte sich um die DDR, Polen, die Tschechoslowakei, Ungarn, Rumänien und Bulgarien. Armut und Arbeitslosigkeit gingen allgemein zurück.

Es kam aber zu einem enormen Geschäftseifer, Geldgier, Finanzspekulationen, Geldverschwendung und Inflation. Billige Importwaren überschwemmten wieder die USA sowie die westlichen Länder und führen zu Importabhängigkeiten und dem Schwund heimischer Industrie.

Die USA haben ihren Handel qualitativ in feindlicher Absicht eingeschränkt, und zwar seit über 70 Jahren den mit Russland, seit über

40 Jahren den mit Persien und seit 3 Jahren auch den mit China. Die USA zwingen auch ihre Verbündeten zu diesen Handelseinschränkungen. Die USA wollen nun wieder autark sein, auch für den Kriegsfall, und unabhängig von Handelspartnern, auf die sie dann keine Rücksicht mehr zu nehmen brauchen. Sie wollen auch die wichtigsten Rohstoffquellen beherrschen und als Machtmittel einsetzen. Die USA führen die Gruppe der imperialistischen Mächte an, zu der auch England, Kanada, Australien und Israel gehören.

Ihre Gegner sind die kapitalfeindlichen Sozialisten, aber auch die wirtschaftlich verflochtenen Globalisten, die unparteiisch und liberal handeln möchten, außerdem die Nationalisten, die keine Bevormundung und Überwachung dulden wollen, auch nicht durch internationale Organisationen. Auch die islamischen Staaten hassen den Westen, wegen seiner vielfachen und groben Einmischung, seines brutalen Kapitalismus und seiner demokratischen Gleichmacherei, und verachten den Verfall von Moral und Sitten, was sie von ihren Ländern fernhalten wollen. Sie möchten auch die Verdrängung ihrer Glaubensbrüder aus Palästina rückgängig machen.

Als maßgebliche Lieferanten des Westens von Öl und Gas sind sie zu Wohlstand gekommen und von diesen Einnahmen abhängig. Der Westen gefährdet nun ihren Wohlstand, weil er seine Eigenproduktion steigert und seinen Verbrauch vermindert, auch indem er sich andere Energiequellen erschließt.

Russland wurde bei der Auflösung des Ostblocks zum Nationalstaat mit strenger Ordnung, der sich weiterhin um seine Rüstung bemüht, damit nicht nochmals ein schändlicher Rückzug notwendig wird. Russland blieb ein Gegner der Imperialisten, weil es, wie auch China, selbst von Handelsbehinderungen betroffen ist und die Sanktionen gegen weitere Länder nicht mitmacht, sondern vielmehr jene Länder unterstützt, das sind Venezuela, Syrien, Persien und Nordkorea.

Russland selbst hat wegen seiner Rohstoffe, u. a. Nickel, Erdöl und Erdgas, und seines Waffenhandels große Bedeutung im Welthandel. Russland befindet sich wieder im Wettrüsten mit den USA.

Umfassende Handelsblockaden sind aus Sicht Russlands schwerwiegende feindliche Maßnahmen der Imperialisten und gefährden seinen Wohlstand.

Das riesige China ist durch seinen sehr intensiven und vielseitigen Handel mit dem Westen zu allgemeinem Wohlstand gekommen und ist auf der ganzen Welt der große Handelskonkurrent des Westens geworden. Handelsbeschränkungen des Westens, der sich um seine Vormacht und Autarkie sorgt, lassen es weitere Behinderungen fürchten und gefährden seinen Wohlstand.
Es ist kommunistisch und zunehmend eine große Militärmacht und in ein Wettrüsten mit den USA eingetreten. Als Gefahr für seine Seewege sieht es eine Kette amerikanischer Militärstützpunkte in seinem Süden an.

Russland und China bemühen sich ferner, im Geldhandel unabhängig von den bisher dominierenden USA zu werden. Das Ausbleiben ihrer sehr großen Geldanlagen in den USA ist für Amerika schmerzlich.
In Persien herrscht der Islam, in der Türkei wird er vom Staat gefördert. Islamistische Volksmassenbewegungen sind der Islamische Staat, IS, und die Moslembruderschaft. Sie sind intolerant, gleichmacherisch sowie totalitär und in ihrer Bedeutung mit dem Sozialismus zu vergleichen.

In Europa wurde ein Weltgericht eingesetzt, das nach westlichen Grundsätzen sogar fremde Herrscher anklagt, ergreift, inhaftiert und verurteilt.

Europa ist bestrebt, seine Gemeinschaft um Weißrussland und die *Ukraine* zu erweitern, um die europäische Großmacht Russland zurückzudrängen, was auch dem Interesse der USA entspricht. Die Türkei wünscht sich die Ukraine als Pufferstaat, um Russland vom Bosporus und von Konstantinopel fernzuhalten. Byzanz ist der angestammte Sitz des Oberhauptes der orthodoxen Ostkirche.

Die Ukraine ist relativ groß, strategisch wichtig, reich an Rohstoffen, Industrie und Agrarprodukten. Russland ist viel größer als die Ukraine und ein Hauptteil Europas.

Geschichte der Ukraine

Durch die Ukraine zogen schon viele Menschenhorden aus allen Himmelsrichtungen. Man fand sogar prähistorische Skelette von chinesischem Habitus. Die bekannte Geschichte beginnt mit den arischen Skythen. Damals war das Land noch dünn besiedelt. An den Küsten gründeten die Griechen Städte. Weder die Griechen noch die Oströmer konnten sich wesentlich in das Landesinnere ausdehnen.
Um 400 n. Chr. kamen die hunnischen Menschenmassen. Größere Herrschaftsbereiche bildeten in Osteuropa, das hauptsächlich von slawischen Völkern besiedelt ist, nacheinander Awaren, Chasaren und Petschenegen.
Nach den hunnischen Völkern kam um 1200 n. Chr. das Turkvolk der Mongolen. Um 1386 vertrieben die Polen und Litauer die Mongolen aus der Ukraine und besetzten diese. Sie siedelten viele Juden an, denen sie oft Verwalteraufgaben übertrugen. Nach einem Kosakenaufstand kam die Ostukraine um 1554 zu Russland. Die Südwestukraine und die Schwarzmeerküste samt der Krim wurden von den Türken annektiert. 1783 kam die Krim und 1793 die Westukraine zu Russland.
Nach dem Ersten Weltkrieg entstanden für wenige Jahre von Russland unabhängige Staaten im Baltikum, außerdem Weißrussland und die Ukraine, die aber alle bald auch kommunistisch und mit Russland wiedervereinigt wurden für die Dauer von 70 Jahren. Die Kommunisten beseitigten sofort den Adel, die Klöster und den Kirchenbesitz und verbreiteten Atheismus und Materialismus.
Kaum hatte sich der russische Staat 1987 mit der Hinwendung zu Glasnost und Perestroika geläutert, d. h. zum Mitdenken und zu Wirtschaftlichkeit, erfolgte die vom Westen erzwungene Abtrennung der Ukraine von Russland durch Schaffung eines eigenen Staates.

Zunächst waren die Regierungen prorussisch. Dann kamen die Revolutionen 2004 und 2014. Die neuen Regierungen waren nationalistisch und wandten sich dem Westen zu. Bald strömte überreichlich Geld von den USA und Europa herein und es entfalteten sich ein reges Wirtschaftsleben und ein reger Handel mit dem Westen. Im Gegenzug musste die Ukraine aber gegen Russland aufrüsten. Besonders sind die USA auch am Wohlergehen der Ostjuden in Galizien interessiert. Diese Volksgruppe herrscht jetzt in der Ukraine. In den USA haben die Ostjuden maßgeblichen Einfluss. Sie betrachten Galizien als ihre Heimat.

Östliche Provinzen, in denen der russische Bevölkerungsanteil überwiegt, unterstellten sich nicht der prowestlichen Regierung in Kiew, sondern blieben Russland verbunden und es entbrannte ein heftiger Grenzkrieg mit dem Charakter eines Stellungskrieges und Stellvertreterkrieges zwischen Russland und dem Westen.

Um den Anschluss der Ukraine an die Europäische Union und die NATO zu verhindern sowie um den Krieg in der Ostukraine zu beenden, besetzte Russland zunächst die strategisch wichtige Krim und bemüht sich nun, die ganze Ukraine zu besetzen, ohne sie zu zerstören, und will sie wieder assimilieren.

Der Westen unterstützt die Ukraine mit Geld, Sach- und Waffenlieferungen und nimmt Millionen von Flüchtlingen auf. Die USA und nachfolgend ihre Verbündeten wirken auch mit extremen Handelsbeschränkungen, Beschlagnahmungen, Ausweisungen, schrecklichen Sabotageakten und der Einstellung westlicher wirtschaftlicher Aktivitäten in Russland feindlich auf Russland ein, um Russland zu schwächen und auf diese Weise auch ihre Partei in der Ukraine zu unterstützen. Die USA machen aber deutlich, dass sie nicht direkt militärisch in der Ukraine eingreifen wollen, weil Russland dies als Welt- und Atomkriegserklärung ansehen würde.

Grotesk, primitiv, gehässig und voller falscher Gerüchte ist die Kriegspropaganda der Ukraine und der USA, die auch hierzulande gänzlich die Presse beherrschen. Die hiesige Bevölkerung glaubt kritiklos und leichtgläubig der Presse, der opportunistischen Regierung und deren Mitläufern. Die Vernünftigen wagen nicht, sich den Meinungsmachern und der voreingenommenen Masse als Zeugen für die Wahrheit entgegenzustellen.

Kriegsvorbereitungen

Wenn Krieg kommt, dann wünschen sich die USA und England einen großen, langen Krieg, um ihre Überlegenheit an Material und Menschenzahl gegenüber Russland zur Geltung zu bringen, und Europa als Kriegsschauplatz, damit nicht der große Krieg interkontinental ausgefochten wird, was Zerstörungen in die USA und nach England bringt, aber kriegsentscheidend wäre. Verlockend erscheint, zuerst Russland niederzuringen, damit es nicht gleichzeitig mit China zu bekämpfen ist. Möglich ist, dass China die große Waffenschmiede für ein kämpfendes Russland wird.

Lang ist die Liste der Vorbereitungen auf Not- und Kriegszeiten im Westen:

Die Straßen und Eisenbahnen werden nach militärischen Bedürfnissen hergerichtet. Überall wird das Krankentransport- und Notarztrettungssystem ausgebaut. Rohstoffwiedergewinnung aus Müll wird eingeführt. Neue Energiequellen werden erschlossen, um die Abhängigkeit von den sich den Westmächten nicht unterordnenden Öl und Gas liefernden Staaten zu verringern. Alkohol als Treibstoff wird durch Vergärung gewonnen, die Windenergie elektrisch genutzt. Holz wird als Brennstoff auch als Hackschnitzel und Holzpellets verfügbar gemacht. Strom wird aus Sonnenlicht, mit Windrädern, geothermisch und in Gezeitenkraftwerken erzeugt. Industrie, Heizungen und Fahrzeuge sollen elektrisch betrieben werden.

Die Länder werden von fein auflösenden Satellitenkameras überwacht und die straßenseitige Ansicht aller Gebäude wird fotografiert. An allen wichtigen Orten wird Videoüberwachung eingerichtet. Der Straßenverkehr wird überwacht, von Navigationsgeräten gemeldet und teilweise auch gesteuert. Durch verschiedene Maßnahmen wird die Anonymität der Reisenden und ebenfalls der Personen, die in Geschäften bezahlen, fast vollständig aufgehoben. Das Bankgeheimnis fällt. Vermögen und Einkommen im Ausland müssen der inländischen Steuerbehörde offengelegt werden. Große Aufträge müssen öffentlich ausgeschrieben werden. Die Lieferketten müssen offengelegt werden, vor allem auch damit von den USA erklärte Handelsembargos eingehalten werden. Die Amerikaner sind im Geldverkehr bestimmend. Bei der Wirtschaftsprüfung großer Betriebe besitzen die Amerikaner und Engländer ein Monopol. So vermögen die Amerikaner den Handelsverkehr einzusehen. Verschiedenste verbindliche Meldepflichten und Genehmigungen dienen der Überwachung von Handel, Produktion, Kapitalverkehr und individuellem Verhalten. Der Zahlungsverkehr im Internet ermöglicht zeitgleiche Beobachtung und Kontrolle. Die Bargeldverwendung, ein wesentlicher Teil der individuellen Freiheit, wird eingeschränkt.

Auch Telefon- und Internetverkehr sind einsehbar. Das Berufsgeheimnis von Rechtsanwälten, Steuerberatern und Ärzten wird eingeschränkt. Zur Denunziation wird aufgefordert. Der Verräter, der selbst an der Tat beteiligt war, wird nicht bestraft. Die Publikationen werden durch Zensur gesteuert.

Wenn Zeit bleibt vor einem großen Krieg, werden die bestehenden Verhältnisse zementiert, freie Meinungsäußerung unterdrückt und es gibt nur noch die offizielle Propaganda. Der Empfang von Radio- und Fernsehsendungen aus Russland, China und Persien wird verhindert.

Mikrozensusbefragungen erforschen persönliche Lebens-, Vermögens- und Verwandtschaftsverhältnisse. Ein Wohnungskataster wird erstellt in dem Interesse, wie viel Flüchtlinge untergebracht werden können.

Überall werden Alarmsirenen installiert und es werden Notunterkünfte für Menschenmassen vorbereitet. Anlässlich gelegentlicher Finanz-

und Wirtschaftskrisen werden einige Betriebe und Organisationen zu wichtigen, zu stützenden und zu schützenden Staatsteilen erklärt.

Immer wieder werden bisher unvorstellbar große Geldmengen, welche die Staatshaushalte übersteigen, in fast allen westlichen Ländern erfunden. Sie sollen die Staatsschulden strecken, die Wirtschaft stützen, Entlassungen und Insolvenzen verzögern. Die enormen neuen Geldmittel können für die verschiedensten Zwecke genutzt werden, auch militärische. Die maßlose Geldvermehrung hat aber die seit Jahren bestehende Inflation angeheizt.

Die USA erwägen, den Weltkrieg gegen die noch nicht botmäßigen Staaten auch zu beginnen, wenn es ihnen zur Ablenkung von einer schweren Wirtschaftskrise nötig erscheint, um dann ihre arbeitslosen Massen in einer maximal intensiven Kriegswirtschaft zu beschäftigen. Es gibt noch andere Motive für die USA, das Kriegswagnis einzugehen: Die USA unterhalten aufgrund einer langen Serie von Kriegen eine sehr große Rüstungsindustrie und Streitmacht und über die Welt verstreut sehr viele Militärstützpunkte. Der Reichtum allein reicht nicht länger für die Unterhaltung der für Friedenszeiten viel zu großen Rüstungsaufwendungen. Deswegen sind die USA auf den ständigen großen Zustrom ausländischen Geldes angewiesen, das auf die verschiedensten Weisen angelockt wird. Davon geht ein großer Teil durch Rüstungsausgaben verloren und kann nicht zurückgezahlt werden. Dieser Zustand ist auf Dauer unhaltbar. Entweder wird auf Friedenswirtschaft umgestellt und werden die Rüstungsaufwendungen auf ein notwendiges Minimum zurückgeführt oder es wird in einem weltweiten Krieg versucht, alle möglichen Gegner zu entmachten, ihre Konkurrenz auszuschalten und sich an ihnen zu bereichern.

Durch Benachteiligungen, Einmischung, sogar mit Waffengewalt, und Bevormundung haben die Imperialisten nun eine Zweiteilung der Welt bewirkt. Eine von den USA dominierte Welthälfte und eine antiamerikanische Welthälfte sind entstanden sowie ein Wettrüsten zwischen diesen.

Ein eventueller Krieg

Ziele für kriegerische Zerstörung sind zunächst die Kommandozentralen, auch auf Schiffen und in Flugzeugen, Satelliten, Raketenbasen, Flugplätze, Trägerschiffe von Raketen und Flugzeugen, Häfen, Macht- und Verwaltungszentren, Großstädte, Verkehrsknotenpunkte, Pipelines, Großkraftwerke.

Bei einem totalen Vernichtungskrieg gegen China ist fraglich, ob dann noch Südkorea, Japan und Taiwan Verbündete bleiben, weil sie nämlich ewig Nachbarn von China sind. Einen eigenen Weg könnte die Türkei gehen. Lateinamerika, Indien und Afrika werden wohl abseits des Kriegsgeschehens bleiben und könnten Kriegsgewinnler werden.

Es ist anzunehmen, dass ein solcher Krieg total und mit allen erdenkbaren Mitteln und Maßnahmen ausgetragen wird, auch atomar. Bei Angriffen, in dem Gemetzel, Schlachten und Morden würden Hunderte Millionen Menschen sterben, verhungern, erfrieren, dahinsiechen oder verkrüppelt werden, würden verwitwet und zu Waisen und von Armut und Vereinsamung bedroht sein. Sie hoffen dann auf eine Grundversorgung durch den Staat, die Hilfe von treuen Ehefrauen, hilfreichen Verwandten und Freunden, auch von Vereinigungen in gleicher Weise Betroffener. Hilfreiche Fremde sind selten. Einige menschlich mitfühlende Menschen wird es aber immer und überall geben.

Der erste große Schlagabtausch ist fast nie die Entscheidungsschlacht. Ziele des drohenden Weltkrieges sind die Unterwerfung und Umorganisation von Ländern, das Ende der Bevormundung, die Öffnung der Grenzen für gegenseitigen Handel und die Normalisierung der Rüstungsausgaben.

Kriegsrisiken

Wenn man Russland eigentlich dem Westen zurechnet, so ergeben sich als Kriegsrisiken: der Verlust Sibiriens an China oder Japan, Australiens an Indonesien, China oder Japan, Israels an die Araber, der Nordhälfte

Schwarzafrikas an die Araber. Schwarzafrika erscheint wehrlos. Falls Hunderte Millionen Chinesen nach Schwarzafrika, Nordamerika oder nach Sibirien kommen, werden sie diese Halbkontinente bevölkern. Das größte Risiko ist, dass die weiße Rasse und ihre Kultur nach größten Verlusten fast in der Bedeutungslosigkeit verschwinden könnte. Wegen Verarmung und Überlastung durch Opfer wird die Stimmung im Volk umschlagen und sich gegen die kriegstreibenden Imperialisten und Großkapitalisten wenden.

Bemühungen um die Sicherung des Weltfriedens gab es auch nach dem Ersten Weltkrieg. Nach dem Zweiten Weltkrieg bemühte man sich zudem um eine allgemeine Ordnung des Finanzmarktes. Ein Kultur-, Wohlstands- und Sozialleistungsgefälle wird es aber immer geben, solange es Landesgrenzen gibt.

Frieden im Herzen zu haben, ist schön. Man kann in Ruhe leben, wenn man Frieden hat mit Verwandten und Nachbarn.

Früher gab es viele feindliche große Tiere, die aber schon zur Römerzeit fast ausgerottet waren. Dafür kam ein neuer schrecklicher Feind: homo homini lupus – Menschen gebärden sich wie Wölfe. Es gibt böse Menschen, die einem nichts gönnen, nicht einmal das Leben. Der Scheinfrieden mit ihnen ist nur die Fortsetzung des Krieges. So bösartig wie Wölfe sind: Räuber, Mörder, Mißhandler, Erpresser, Betrüger, Verleumder. Da sie überall sind und in jeder Generation vorkommen, kann ihr Treiben nicht gänzlich verhindert werden und viele werden ihre Opfer. Dies macht traurig und zornig und lässt die »Wölfe« als nicht zu den Menschen gehörig empfinden.

Covid-19-Pandemie

Im Hochwinter 2019/2020 trat in der Nähe eines Virusforschungsinstituts in Wuhan, China, eine neuartige Grippe auf durch ein SARS-CoV-2-Virus, später genannt Covid19. Die Stadt wurde isoliert und die Bevölkerung angewiesen, zu Hause zu bleiben. Alle hatten Schutzmasken zu tragen. Betriebe, Gaststätten und Geschäfte wurden geschlossen, Ausgang und Versammlungen wurden untersagt, eine strenge Disziplinierungsmaßnahme. Von China aus ging eine Warnung an alle Welt, dass eine neuartige Grippeepidemie zu erwarten sei.

Dies griffen Multimilliardäre der USA auf und engagierten sich mit Hunderten Milliarden Dollar. Sie wollten die Welt vor der erwarteten Seuche retten, gleichzeitig amerikanisieren und entglobalisieren. Die UNO, von den USA gegründet und beherrscht, vertreten durch die WHO, forderte nun von allen Staaten, Maßnahmen zu ergreifen wie China in Wuhan. Die Globalisierungsgegner wollten die unüberschaubar gewordenen internationalen Handelsaktivitäten vermindern und kontrollieren und es sollten die chinesische, russische und auch die europäische Wirtschaft geschädigt werden zugunsten der amerikanischen. Zugleich wollte man die unüberschaubaren Bewegungen von Menschenmassen durch den Tourismus und Flüchtlingsströme mit diesen strengen Disziplinierungsmaßnahmen beruhigen. Der Passagier-, Schiffs- und Flugverkehr wurden weitestgehend eingestellt und die Landesgrenzen geschlossen, auch die innereuropäischen. Ein Notstand wurde erklärt, Ausgangs- und Versammlungssperren erlassen. Damit entfiel die allgemeine Informationsmöglichkeit durch Begegnungen mit anderen Menschen, es blieb nur die Information aus Radio, Fernsehen, Internet, Zeitungen, also im Wesentlichen nur die offizielle Propaganda. Die Versorgung erfolgte durch die großen Kaufmärkte, den Versandhandel und Lieferdienste. Massenweise gingen kleine Geschäfte, Veranstalter, Gastronomie- und Tourismusunternehmen u. a. m. kaputt, weil ihr Betrieb für längere Zeit verboten wurde. Universitäten und Schulen wurden geschlossen, Ersatzunterricht erfolgte zu Hause am Computer. Ebenso mussten die Angestellten von Betrieben und Ämtern zu Hause am Computer arbeiten, sofern es noch Arbeit gab. Sogar die Kirchen waren kaum mehr zugänglich. Überall wurde kontrolliert und wurden persönliche Daten erfasst. Die Polizei überwachte diese Maßnahmen. Gefördert wurde in dieser Zeit jedoch das Baugewerbe.

Promotoren und Nutznießer der Beschränkungsaktionen waren die Großmärkte, Internetversandhändler, Lieferdienste, die Computerindustrie und die pharmazeutische Industrie bzw. die dahinterstehenden Multimilliardäre.

Zugleich war es eine Zivilschutzübung: Das Volk wurde an Disziplinierungsmaßnahmen und an eine notdürftige einheitliche Versorgung gewöhnt.

In den Krankenhäusern wurden aufschiebbare Behandlungen nicht durchgeführt. Stattdessen wurden Intensivbehandlungsabteilungen eingerichtet und Beatmungsgeräte angeschafft. Massenhaft wurden Infektionsteststationen und Impfstationen aufgebaut. Die Bevölkerung wurde zu wiederholten Impfungen genötigt und dabei registriert. Infizierte und ihre Angehörigen wurden tagelang isoliert. Die Krankenhäuser waren anfangs überfüllt, weil schwer Covidkranke dort in Isolation kamen und bei Bedarf intensivmedizinisch behandelt wurden. In den Industrieländern gibt es nämlich kaum noch die Versorgung durch Angehörige zu Hause, weil die Familien klein geworden sind und es massenhaft Einzelpersonen gibt. So wollen fast alle im Krankenhaus versorgt werden und ebenfalls dort sterben. Sie glauben auch, dass dort alles für eine maximale Lebensverlängerung getan wird, was sie für wichtig halten.

Lebensgefährlich war die Krankheit nur für sehr Geschwächte und für hinfällige Hochbetagte, wie bei jeder Grippeepidemie.

Durch die Isolierungsmaßnahmen wollte man die Ausbreitung verzögern. Mit großem Aufwand wurden Impfstoffe entwickelt. Dabei wurden auch neue Impfstoffprinzipien und neue antivirale Arzneien gefunden.

Das Volk glaubte entsprechend der intensiven Propaganda kritiklos an die Notwendigkeit der verordneten Maßnahmen, obwohl nichts Besonderes passierte.

Um die Notstandsmaßnahmen möglich und erträglich zu machen, wurden schon im Voraus immense Geldmittel bereitgestellt bzw. erfunden.

Die Covid-Einschränkungsmaßnahmen wurden über zwei Grippesaisons hinaus verlängert und erst nach 2 Jahren beendet.

Deutschland heute

Nach dem zweiten verlorenen Krieg waren die Menschen in Westdeutschland beseelt von dem Willen, wieder ein ansehnliches Deutschland aufzubauen.

Seit 1958 strömten aus dem Ausland sehr große Geldmengen in das prosperierende Land. Dies bewirkte eine importierte Inflation. 1968 aber, als die USA die Konvertibilität des maßgeblichen Dollars in Gold widerriefen, begann die aktiv betriebene Geldvermehrung durch die Regierungen, die weltweite Inflation.

Durch Zinserhöhungen zogen die USA sehr große Geldmengen an und sie schufen, wie auch die anderen westlichen Länder, weitere große Geldmengen aus dem Nichts. Viel konnte mit solchem Geld bewirkt werden: Aufrüstung, Rückzug der Russen, Übernahme der DDR, Aufbau der osteuropäischen Länder und der Balkanländer, Stützung finanzschwächerer europäischer Länder, Stimulierung des Wirtschaftslebens.

Die Geldschwemme bewirkt eine Aufblähung von Staat und Behörden, aber auch der Wirtschaft, und der Einzelne schafft sich dann alles Mögliche an und betreibt einen großen Aufwand. Immer führt Inflation schließlich zur Zahlungsunfähigkeit und Verarmung. Das Gegenteil wäre eine Straffung von Staatsapparat und Verwaltung, eine Beschränkung der Wirtschaft auf Rentables und Sparsamkeit des Einzelnen. Das setzt aber Pflichtbewusstsein und Genügsamkeit voraus und würde zurück auf sicheren Grund führen.

Anarchoterroristen

Seit 1945 gibt es Politiker, die eine antinationale, antiautoritäre und kapitalfeindliche Gesinnung haben. Sie nehmen Personen, Gruppierungen und Zusammenrottungen in Schutz, die sich terroristisch destruktiv verhalten. Jene bösartigen, aggressiven, asozialen Personen werden nicht angemessen bestraft, das wäre Entzug der bürgerlichen Ehrenrechte, Enteignung, Entfernung aus dem Berufsleben, lebenslängliche Inhaftierung. Stattdessen werden sie überall von Gesinnungsgenossen in den verschiedensten Berufsstellungen exkulpiert und, wenn überhaupt, mild bestraft.

Diese Anarchoterroristen lebten nicht paarweise, sondern in Wohngemeinschaften, die für Gesinnungsgenossen offen waren, als Kommunarden in Kommunen. Diese sind die Basis für den revolutionären Kampf. Sie verbanden sich mit Anarchoterroristen anderer Länder.

Erklärte Feinde sind der Staat und seine Ordnungen, das Kapital und die Kirche, allgemein jegliche Hierarchie und Autorität. Antiautoritäre Verhältnisse werden sogar in der Familie gefordert. Diese Randalierer störten Staatseinrichtungen, öffentliche Ordnung, Betriebsabläufe und Veranstaltungen, verhöhnten Tradition, Sitte und Moral, beschädigten öffentliches und privates Eigentum. Reiche und Andersorientierte verfolgten sie mit Diffamierungen, Erpressungen und Morden. Sogar die Polizei griffen sie lebensbedrohlich tätlich an und verübten auch kriegerische Überfälle. Sie bildeten ungeordnete, lärmende Demonstrationen, bei denen es zu willkürlichen schweren Sachbeschädigungen kam. Sie störten durch Blockaden, Go-ins und Sit-ins und trieben Unzucht in der Öffentlichkeit. Ihre Anschläge fanden dort statt, wo sie Aufsehen erregten.

Einige Jahre bezeichneten sich diese Männer und Frauen als außerparlamentarische Opposition, APO, Rote-Armee-Fraktion, Basis- und Fundamentalkommunisten. Die Kommunarden wollten einheitliche gewerkschaftsartige Strukturen bilden, welche die ganze Gesellschaft organisieren und somit einen kommunistischen totalitären Staat schaffen sollten.

Später gliederten sich viele dieser aggressiven Kommunisten als linker Flügel in politische Parteien ein und bemühten sich darum, Organisationen zu unterwandern. Unter der Devise »Sand ins Getriebe« wollen sie den Staat und das Wirtschaftsleben stören und allgemeine Verarmung herbeiführen. Solcher »Sand« sind auch immer mehr und neue Vorschriften und Kontrollen, die Geschäftsvorgänge und selbstständiges Handeln erschweren.

Seit dem letzten Krieg hatten sich schon Wirtschaft und Finanzwelt sowie sehr viele Leute in leitenden Stellungen nach den USA ausgerichtet. Mit dem Zusammenbruch des kommunistischen Ostblocks und der Angliederung Ostdeutschlands an Westdeutschland sind Leitbild und Unterstützung für die Sozialisten weggefallen. Es gibt aber immer noch Anarchoterroristen. Die Politiker aber orientieren sich jetzt fast alle nach den USA und die Unterschiede zwischen den Parteien sind gering geworden. Das amerikanische Englisch breitet sich stetig als Unterrichts- und Verständigungssprache aus. Amerikanische Moden werden übernommen, Presse und Publizistik folgen amerikanischem Geschmack. Die Anpassung an die USA führte auch hier zum Sittenverfall. Selbst der Lebenswandel vieler Führungspersönlichkeiten ist nicht mehr vorbildlich. Es besteht auch keine Leitreligion mehr. Polarisierungen und Intoleranz nehmen zu.

Es gibt jetzt viel weniger Familien überhaupt und viel weniger Familien mit Kindern im Besonderen. Die vielen Einzelpersonen und die vielen willentlich kinderlosen Paare verstehen nicht mehr die Notwendigkeiten der eigentlichen Familien und nehmen keine Rücksicht mehr auf sie, und die vielen Einzelkinder werden eher zu Egoismus als zu sozialer Rücksichtnahme erzogen.

Literatur, Kino, Radio, Fernsehen und die Internetangebote haben kaum noch erzieherischen Wert. Darin ist vielmehr sogar allzu vieles anstößig und einen zu großen Teil nehmen Moden und Propaganda ein.

Moden werden von Geschäftemachern erfunden.
Durch Propaganda will die Regierung Meinungen erzeugen. Propaganda ist oft verlogen, weil ihr Zweck verschwiegen wird, und immer

finden sich zahlreiche Mitläufer, die sich vermeintliche Wichtigkeiten ausdenken, sodass aus Schwärmereien ganze Ideologien mit religionsartigem Charakter, Fanatismus und Intoleranz entstehen und sich oft große Gruppen bilden. Weil Politiker auch diese Wählerstimmen haben wollen, übernehmen sie oft deren irrationale Forderungen. Solche Bewegungen sind heute: Libertinismus, antiautoritäre Erziehung, Feminismus, Geschlechterindifferenz, Freizügigkeit aller Menschen und Rassen, Vegetarismus, Veganismus, Senkung von Staubgehalt, Gasgehalt und Temperatur von Luft und Meer, Fixierung des Meeresspiegels, Wiederherstellung vorgeschichtlicher Landschaftsverhältnisse. Es gibt auch polemische Hetzpropaganda und Einmischung in die Angelegenheiten anderer Länder. Kritik und echte Opposition werden unterdrückt und diffamiert, und eine freie Presse gibt es fast nicht mehr.

Der Staat versagt vielfach in seiner Lenkungsfunktion, u. a. in Bezug auf die folgenden Aspekte:

- Geld, das Auskommen und Wohlstand bedeutet, wird zwar hier erarbeitet, fließt aber großteils unkritisch ins Ausland ab, hauptsächlich in die USA wegen dortiger höherer Kapitalerträge und fragwürdiger höherer Sicherheit.
- Viele Unternehmen geraten schutzlos unter ausländische Dominanz.
- In vielen Berufen werden massenweise junge Leute über den Bedarf, der ein Auskommen sichert, hinaus ausgebildet. Viele Lehrlinge und Studenten sind außerdem für die vorgesehenen Berufe ungeeignet, weil diese nur wegen des zu erwartenden höheren Einkommens in einzelnen Berufen angestrebt werden oder wegen der vermeintlichen Arbeitsplatzsicherheit und Bequemlichkeit in Verwaltungsberufen, aber nicht den eigenen Neigungen, Interessen und Begabungen entsprechen. Deswegen ist ihre Motivation und Hingabe an den Beruf gering und ihr Hauptinteresse nur das Geldverdienen.

- Auch Drogen breiten sich aus, werden legalisiert und als harmlos bezeichnet.

Sogar die Wälder sind seit Jahrzehnten verwahrlost, Totholz hängt und liegt herum, Unkraut und Gestrüpp wuchern, Ungeziefer breitet sich aus, und Wölfe sind wieder eingewandert und werden sogar geschützt.

Der Staatsapparat existiert noch. Seit Längerem herrschen aber nicht die Klugen, Gebildeten, Sachkundigen, Erfahrenen, weit Vorausschauenden, Verantwortungsbewussten, Zuverlässigen, Bewährten, Vertrauenswürdigen, Unparteiischen, Würdigen und Unbescholtenen, sondern irgendwelche Parteikarriere-Politiker, oft auch sehr junge. Diese sind, wenn sie an die Macht kommen, in ihren Entscheidungen nicht frei, sondern gebunden an im Voraus beschlossene Parteiprogramme und die Absprachen der Parteivorsitzenden bei der Bildung der Regierungskoalition, außerdem an die Beschlüsse der Kommission der Ministerpräsidenten der Europäischen Union und die Beschlüsse der NATO, die von den USA bestimmt werden. Persönlich ist ihnen meistens der Applaus der Massen besonders wichtig und sie hetzen von einem werbewirksamen Auftritt zum nächsten. An sich könnten sich intelligente und fleißige Politiker schnell die Übersicht über ein Fachgebiet verschaffen. Für weise Entscheidungen sind aber Charakter und Zuverlässigkeit das Wichtigste.

Die Innehaber hoher Stellungen und Ämter sollten parteilos sein, solange sie diese bekleiden, damit sie frei entscheiden können. Auch Fraktionszwang und Parteidisziplin schließen freie Entscheidung aus.

Unter den Politikern breiten sich statt eines rücksichtsvollen Nebeneinanders, eines hilfsbereiten Miteinanders und einer offenen konstruktiven Diskussion allgemein Gruppen- und Einzelegoismus aus und der Umgangston wird grob und hämisch.

Man hat zugelassen, dass sich Millionen Fremder hier angesiedelt haben, großteils aus fernen Ländern mit fremden Kulturen und Religionen. Vielfach nehmen Einwanderer sogar schon Führungspositionen ein und oft versprechen politische Wahlkandidaten, die Interessen der Einwanderer zu fördern, und werben um ihre Wählerstimmen. Deutscher ist jeder, der dieses Land als seine Heimat empfindet. Für alle Ausländer, die hier leben, müssen Ordnung, Gesetze, Rechte und Pflichten dieses Gastgeberlandes gelten. Hier gilt das nationale Interesse der Deutschen, andernfalls wäre Deutschland nicht selbstbestimmt. Wie es keine zwei Leben gibt, gibt es auch keine doppelte Heimat und soll es auch keine doppelte Staatsbürgerschaft geben. Andernfalls brächten Einwanderer Unordnung mit.

Die Ordnung und der moralische Zustand des Volkes sind schlechter geworden und der soziale Zusammenhalt schwächer.

Verschiedenes

Shakespeare

Um 1600 schrieb Shakespeare sehr viele Dramen und Sonette.
In den Königsdramen teilt er die Geschichte der einzelnen englischen Könige mit bis zur Geburt von Elisabeth, Tochter Heinrichs VIII.
Diese Tragödien sind voll des Geistes des Hochadels: Tugendhaftigkeit, Tapferkeit, Ehre, Lehenstreue, eifersüchtiges Festhalten am Besitz an Land und Leuten, Rang und ererbten Rechten, Erzwingung des Rechts innerhalb des Adels durch Gewalt oder Zweikämpfe. Königsverbrechen sind durch die nächsten Angehörigen zu bestrafen. Ohne Rangordnung herrscht Willkür.
Die Frau muss rein und tugendhaft sein. Sie untersteht dem Mann und wird mit einer großen Mitgift ausgestattet.
Der Adel richtet über seine Untertanen.
In nationaler Not hält England immer zusammen.
Ähnliche, später geschriebene Dramen behandeln Szenen aus der Antike und aus anderen europäischen Ländern.

Shakespeare erprobt und verwendet die verschiedensten Kompositionselemente, wie Hexenweissagungen, Geister, wundersame Fügungen, Monologe, Prologe, Epiloge und Erklärungen von Theatersprechern. Es gibt auch Dramen, die auf 2 oder sogar 3 Abendvorstellungen aufgeteilt werden. Im Verlauf werden die Dramen allmählich unterhaltsamer und kommen auch Personen aus der bürgerlichen Gesellschaft und dem einfachen Volk vor.
Der Umfang ist durch eine Aufführungsdauer von 2 Stunden gegeben.
Die Sonette und Balladen sind Liebesgedichte.

Der Geist von allem ist die allgemeine Tugendhaftigkeit, außerdem die Züchtigkeit der Frauen, die andernfalls verkommen und launisch sind.

Bemerkenswert sind folgende Aussagen:
Das Schicksal ist nicht gerecht und wird nicht von Gott bestimmt. Flüche sind wirkungslos.
Kinder sind nicht für die Fehler ihrer Eltern verantwortlich.
Das Volk ist in sich uneins, von spontanen Stimmungen beherrscht und neigt zu Zusammenrottungen. Der Pöbel ist primitiv, grob und lässt sich nicht beherrschen.

Shakespeare teilt viel von seinem universellen Wissen und Verständnis mit und weckt das Bildungsinteresse. Seine Werke wurden tausendfach imitiert und wirkten über viele Generationen erzieherisch auf Adel und Bürgertum in Europa.

Möglicherweise war Shakespeare aber nur Theaterfachmann und Dramatiker; der Gelehrte und Höfling, der den Inhalt angab, war jedoch Francis Bacon und geschrieben wurde für ihre Königin Elisabeth.

Das Werk Shakespeares ist ein Kulturzeugnis an der Grenze von Mittelalter und Neuzeit.

Mein Leben

Geboren wurde ich in der armseligen Nachkriegszeit als zweites von 3 Kindern des Juraprofessors Erwin Seidl in Erlangen. Ich war 5 Jahre alt, als die elterliche Familie auseinanderbrach. Liebe zu den Kindern gab es kaum. Die Brüder waren nicht kontaktfähig und die wenigen sonstigen Verwandten hielten sich fern oder wurden ferngehalten.
Den längsten Teil der Schulzeit verbrachte ich in evangelischen Schülerheimen in Oettingen und München. Ich wurde christlich erzogen und lebte so.
Bis in meine Studentenzeit lebte ich in relativer Armut und auch später immer bescheiden. Früh interessierten mich Weltwirtschaft und Geschichte, aber auch Religionen und Erdkunde.

Schon meine Mutter gab mir Informationen über Mohenjo-Daro und die Entstehung der phönizischen Schrift und besuchte mit mir Ausstellungen über das alte Indien und China.

Mein Vater war hochgebildet, wissenschaftlich korrekt, sehr arbeitsam und Spezialist für die antike Rechtsgeschichte von Ägypten, Griechenland und Rom. Er nahm mich mit in Ausstellungen über das alte Ägypten und schon als Kind bekam ich von ihm ein Buch über die Essener zu lesen.

Als älterer Gymnasiast erkannte ich die Aufgabe, herauszuarbeiten, was Jesus selbst gesagt hat. Später fiel mir auf, dass die Bibel – das Geschichts- und Weisheitsbuch der Juden – seit Alexander dem Großen verstummt ist. Ist nichts mehr zu berichten? Ist nichts mehr zu sagen? Weil auch fraglich erschien, ob die Kirche zukunftsfähig ist, wollte ich die Grundlagen der Religion erforschen.

Weil mir das Erleben des Normalen fehlte, studierte ich den Menschen, die Medizin. Die technischen Möglichkeiten der Chirurgie begeisterten mich. Immer interessierte mich auch die Psychiatrie sehr, zumal es in der Familie Fälle von Geisteskrankheiten gab. Ich konnte meinen Wunschberuf Arzt in Köln studieren.

Nach jahrelangen Assistenzzeiten in der Pathologie und in der Chirurgie ließ ich mich 1979 in Jettingen als praktischer Arzt nieder. Ich liebte die Selbstständigkeit in einem freien Beruf. Der Arztberuf war für mich sowohl sachlich wie menschlich interessant. Möglichst viel Geld zu verdienen, war nicht mein Ziel. 1995 baute ich ein Haus. Schließlich ging ich 2008 in den Ruhestand. Ich bildete mich stetig fort, vor allem durch das Studium von Fachliteratur. Froh bin ich, dass mir nie ein nennenswerter Behandlungsfehler unterlaufen ist.

Ich behandelte immer gewissenhaft und nach eigener Überlegung sowie unter Berücksichtigung der individuellen Umstände des Patienten, also nicht nach Behandlungsschemata.

Seit meiner Volljährigkeit habe ich, beginnend mit einem sehr kleinen Betrag, auch durch Handel mit Aktien stetig Geld verdient.

In einem Zeitraum von mehreren Jahrzehnten studierte ich systematisch nacheinander Geologie, Paläontologie, Weltgeografie, Weltgeschichte und Weltreligionen. Beim Studium von Buddha verließ ich zum ersten Mal den vorgegebenen Rahmen von wissenschaftlichen und theologischen Lehrmeinungen und begann selbstständig und frei zu denken.

Da ich vom Rätsel des unübersetzten Diskos von Phaistos wusste, konnte ich beim Studium der alten Kulturen nach solchen Zeichen suchen und fand einige schon 2006. Die Übersetzung gelang mir einigermaßen. Ich wollte sie möglichst bald als Erster publizieren. Viel Erklärungen waren nötig, weil selbst die autorisierten Spezialisten nur ein zu enges Fachwissen haben.

Über all diesen Studien war mein Kopf schließlich übervoll. Deshalb schrieb ich im Ruhestand sofort alles nieder, was ich wusste und mitteilen wollte. Dies veröffentlichte ich 2016 in meinem kurz gefassten philosophischen Buch »Welt und Seele«. Auch ging es mir darum, ein Zeugnis dafür abzulegen, dass es ebenfalls im Westen Menschen gibt, die viel vom Osten wissen und den Osten verstehen. Zugleich wollte ich die abendländische Kultur beschreiben und aufzeigen, was allen Menschen gemeinsam ist. Ich ordnete die Welt und Geschichte nach Natürlichkeit, Wahrheit, Vernunft und Wahrscheinlichkeit.

Was ich über Jesus und das Christentum an Wissen und Verständnis gesammelt hatte, wurde der Hauptgegenstand meines zweiten Buches »miteinander«, 2017. Auch Atheisten und Menschen fremder Kulturen wollte ich in Kürze erklären, was christlich ist.

Ich war 21 Jahre alt, als ich meiner späteren Frau und einzigen Liebe begegnete, die ich dann mit 25 Jahren heiratete und nie enttäuschte. Wir bekamen 3 Söhne und bestritten ein bewegtes Leben.

Auch die Natur gehörte zu meinen Interessen. Ich pflegte unsere Gärten und wanderte gerne in der Heimat, im Schwarzwald und in den Alpen.

Traum von einer Todesandacht

Einfacher Sarg, einfaches Leichenkleid bzw. Sonntagsanzug, wenn der Sarg geöffnet werden soll. Wenig Zierschmuck.

Zum Einlass in die Friedhofskapelle ertönt Beethovens Trauermarsch (Klaviersonate Opus 35).

Lied vor der Predigt, nur 2 Strophen, aber aus voller Brust:

Wer nur den lieben Gott lässt walten und hoffet auf Ihn allezeit,
den wird Er wunderbar erhalten in aller Not und Traurigkeit.
Wer Gott dem Allerhöchsten traut,
der hat auf keinen Sand gebaut.

Sing, bet und geh auf Gottes Wegen, verricht das Deine nur getreu
und trau des Himmels reichem Segen,
so wird er bei dir werden neu.
Denn welcher seine Zuversicht auf Gott setzt, den verlässt Er nicht.

Nach der Lebensrückschau und Predigt sollten wieder 2 Strophen von einem Lied aus voller Brust gesungen werden, und zwar:

Ich singe Dir mit Herz und Mund, Herr meines Herzens Lust.
Ich sing und mach auf Erden kund, was mir von Dir bewusst.

Wohlauf, mein Herze, sing und spring und habe guten Mut!
Dein Gott, der Ursprung aller Ding, ist selbst und bleibt dein Gut.

Beim Aufbruch möchte der Trauermarsch von Händel gespielt werden aus dem dritten Akt von »Saul«: Ruhe in Frieden (alternativ der Trauermarsch aus Wagners »Götterdämmerung«: Siegfrieds Tod und Begräbnis oder der Chor der Gefangenen aus Verdis »Nabucco«).

Die Leichenbestattung soll in der hygienisch richtigen Weise, der Verbrennung, erfolgen und die Asche in eine verwesliche Urne kommen.

Dichterisches

Widmung

Geh Deinen Weg
und teil mit anderen,
was Du findest.

Minos' Gebet, als er den Diskus in Phaistos vergrub

Große Mutter!
Du kennst mein Lachen,
Du kennst meine Tränen.
Wer will meine letzten Worte hören?
Dir lege ich sie in den Schoß.
Du lässt werden, Du lässt vergehen.
Amen.

Anders ausgedrückt

Der Teufel erscheint überall, in den verschiedensten Gewändern und Gestalten.
Er will die Seele verderben und die Existenz vernichten.
Davor schützen die innere Stimme, das Gewissen und die Vernunft.
Was macht dauerhaft Freude, schafft Ruhe und Frieden?
Was erzeugt Tränen und Zorn?

Weisheit

Freut sich aufs Leben der Keim,
drängt stetig nach oben der grüne Zweig,
bildet bald verheißungsvoll eine Knospe,
enthüllt dann schön seine Rose.
Vergehen die Tage, kälter und stiller im Herbst,
erstrahlt mild das Rot der Hagebutte,
erinnert ein Saum kleiner Blätter an Leben und Streben,
erwuchsen im Innern viel Körnchen der Weisheit.